Würdigung
DA AVABHASAS
(Des "Hellen")

Meine Meinung ist, daß wir in der Person Da Avabhasas einen Spirituellen Meister und ein religiöses Genie des höchsten Grades vor uns haben... Da Avabhasas Lehre übertrifft meines Erachtens die Lehre jedes anderen Spirituellen Helden, jeder anderen Epoche, jedes anderen Ortes, jeder anderen Zeit, jeder anderen Anschauung.

KEN WILBER,
Verfasser von *Halbzeit der Evolution*
und *Wege zum Selbst*

Herz-Meister Da Love-Ananda [Da Avabhasa] stellt einen Weg zur Verfügung, auf dem jeder, der kühn genug ist, seinen Lehren zu folgen, die letzte Einheit des Seins aller Dinge und Wesen erfahren kann. Es ist zu beachten, daß seine Vision weder dem Osten noch dem Westen verpflichtet ist, sondern den ewigen spirituellen Puls der Großen Weisheit darstellt, der an keinen kulturellen, zeitlichen oder geographischen Standort gebunden ist; sie stellt den Gipfel der Bewußtseinsentwicklung unserer Art dar.

LARRY DOSSEY, Dr. med.
Verfasser von
Die Medizin von Raum und Zeit

Ich halte Herz-Meister Da für einen der größten Lehrer in der westlichen Welt unserer Zeit.

IRINA TWEEDIE,
Verfasserin von
Wie Phönix aus der Asche
und *Der Weg durchs Feuer*

Nirgendwo in der heutigen Welt, weder unter Christen, Juden, Moslems, Hindus, Buddhisten oder Eingeborenen noch unter irgendwelchen anderen Gruppen, gibt es irgendeinen, der so viel zu lehren hat, mit solcher Autorität spricht und von solcher Bedeutung für das Verständnis unserer jetzigen Lage ist. Falls wir bereit sind, auf jedem Gebiet von Ihm zu lernen, ist Er ein Pol, an dem die Welt sich orientieren kann.

ROY FINCH,
Professor emeritus für Philosophie und Religion,
Hunter College

UNBEGRENZT
FÜHLEN

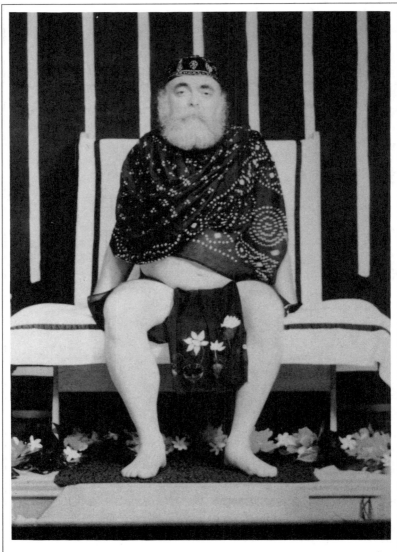

Der Göttliche Welt-Lehrer und Wahre Herz-Meister
Da Avabhasa
(Der "Helle")
Dezember 1991

UNBEGRENZT
FÜHLEN

Erwachen zu der **W**ahrheit
jenseits von Angst, Trauer und Zorn

Ein **S**pirituelles **L**ehr-**G**espräch
des **G**öttlichen **W**elt-**L**ehrers und **W**ahren **H**erz-**M**eisters

DA AVABHASA
(**D**ES "HELLEN")

Kommentar von SANIEL BONDER
und CAROLYN LEE

Vorwort von WILLIAM GOTTLIEB

THE DAWN HORSE PRESS NEDERLAND B.V.

FüR DEN LESER

Die religiösen, Spirituellen, funktionalen, praktischen, zwischenmenschlichen und kulturellen Übungen sowie die formelle Disziplin kooperativer Gemeinschaft, die in diesem Buch erörtert werden, wie zum Beispiel die Meditationsübungen, die Yogischen Übungen der "Leitung" des Lebens-Stroms, die Atmungsübungen, die Lebens-Disziplinen rechter Ernährung und Körperübung, die intelligente und maßvolle Praxis der Sexualität, sind angemessene und natürliche Übungen, die von allen praktizierenden Mitgliedern der Free Daist Communion freiwillig, fortschreitend und nach Maßgabe der persönlichen Umstände des einzelnen durchgeführt werden. Sie sind jedoch nicht als Rat oder Empfehlung für jene gedacht, die nicht praktizierende Mitglieder der Free Daist Communion sind, obwohl sie ihnen nützlich und zuträglich sein können. Und nichts ist in diesem Buch als Diagnose, verschriebene Medizin, empfohlene Behandlung oder Therapie anzusehen, mit der man irgendein spezifisches "Problem", sei es medizinischer, emotionaler, psychologischer, sozialer oder Spiritueller Art, heilen könnte. Ein besonderes Programm der Behandlung, Heilung, Vorbeugung oder allgemeinen Gesundheitspflege sollte man nur nach Konsultation mit einem Arzt oder sonstigen qualifizierten Therapeuten anwenden.

Für weitere Information über Herz-Meister Da Avabhasa und Seine Spirituellen Instrumente und Mittler, Seinen Status als Entsagender in der Free Daist Communion und das unveräußerliche Urheberrecht zu Seiner Weisheits-Lehre sowie über die Beziehung zwischen Guru und Schüler und die Übungen und Aufgaben des Praktizierenden im Weg des Herzens verweisen wir auf den Abschnitt "Weitere Auskunft für den Leser" am Ende des Buches.

Titel der amerikanischen Originalausgabe: Feeling Without Limitation. - Clearlake,Ca ; Dawn Horse Press, 1991.
Deutsche Übersetzung: Albrecht Giese, unter Mitwirkung von Isa Buss und Hans Nietsch.
© Copyright 1992
Sri Love-Andashram (Naitauba) Pty Ltd,
als Treuhänder für den Sri Love-Anandashram (Naitauba) Trust.
Alle Rechte, auch des auszugsweisen Nachdrucks, der Übersetzung und jeglicher Wiedergabe, vorbehalten.
ISBN 90-5134-005-2

Widmung

*Sri Da Avabhasa,
"Helles" Herz der Welt,
mögen alle lebenden Wesen an allen Orten
durch die Gnade Deines Wortes
und die Geschichten Deines Wirkens
zu der Erkenntnis gelangen,
daß Du das Geheimnis und Geschenk
unbegrenzten Fühlens Bist.*

Deine Schüler

INHALT

Anmerkung über die Großschreibung

Da Avabhasa entwickelte Seine eigenen Konventionen und Prinzipien der Großschreibung, mit denen Er das Göttliche Wesen ehrt, und hat so eine sakrale Form der englischen Sprache Geschaffen. Dieses im Englischen sehr einfache Verfahren läßt sich im Deutschen wegen der Großschreibung aller Substantive nicht ohne weiteres nachahmen. Um dennoch die vom Autor beabsichtigte Wirkung zu erzielen, haben wir mit Seiner Zustimmung alle im Englischen in diesem Sinne großgeschriebenen Wörter durch fette Großbuchstaben wiedergegeben.

Um ihren Respekt sowie ihre Dankbarkeit und Liebe gegenüber Sri Da Avabhasa auszudrücken, schreiben auch Seine Schüler alle Wörter groß beziehungsweise heben sie durch fette Großbuchstaben hervor, die sich auf Ihn, Sein Werk und die von Ihm Übertragene Herz-Wahrheit beziehen. Auf diese Weise erkennen sie das Wunder an, daß Da Avabhasa in ihrem Leben ist, und bringen es anderen gegenüber zum Ausdruck.

Der Unterschied zwischen Selbsthilfe und der wahren Hilfe

von William Gottlieb,
Chefredakteur von Rodale Books

M eine ganze Laufbahn bestand im Schreiben und Herausgeben von Selbsthilfemagazinen und -büchern. Von der Verhütung von Unfällen bis zur Behebung eines Zinkmangels im Körper -- falls es ein Mittel der Abhilfe gab, so tat ich mein Bestes, Amerika davon in Kenntnis zu setzen. Doch so viel ich auch an Selbsthilfe jeglicher Art empfahl und so ausgezeichnet der zitierte Experte und so praktisch die beschriebene Erfindung auch sein mochten, so war ich mir doch bewußt, daß jedes Stück Selbsthilfe, das ich anbot, nur ein Pflaster war, eine kurze Verzögerung oder Unterbrechung einer unleugbaren Tatsache:

Alle, die die Zeitschriftenartikel und Bücher lasen, die ich schrieb und herausgab, würden, selbst wenn sie jeden guten Rat in die Tat umsetzten, nichtsdestoweniger unglücklich sein.

Sie würden natürlich ihr Leben verbessern. Sie würden zum Beispiel abnehmen oder besser schlafen oder ihre Kinder besser behandeln. Doch jede dieser Verbesserungen würde wie Schminke auf einem mürrischen Gesicht sein.

Denn keine Veränderung, die jemand vornimmt, kann das geringste ändern an dem, was jeder am allermeisten ändern will: die endlose Parade von Problemen, die ständig durch unsere Gedanken und Empfindungen zieht, sowie das damit einhergehende Gefühl, nie genug zu haben, nie wirklich befriedigt zu sein, sich nie wirklich glücklich zu fühlen, den Hunger unseres Herzens nie gestillt zu wissen – jetzt und niemals.

Und deshalb betrachte ich es als ein großes Privileg und Vergnügen, das Vorwort zu diesem kleinen Buch schreiben zu dürfen, denn es bietet wirkliche Hilfe an.

Ich versehe dieses Wort mit einem fetten Großbuchstaben, denn das Mittel zur Hilfe ist ein Mensch, der eine Botschaft für uns hat, die über jede Art von Veränderung oder Verbesserung, über jede Suche nach mehr hinausgeht. Er erklärt, daß es keine entscheidende Selbsthilfe gibt, daß das Selbst niemals vollständig und endgültig Glücklich werden kann. Doch Er fügt auch hinzu, daß es über dieses begrenzte, leidende Selbst hinaus das Göttliche Selbst gibt, jenes Wesen, welches Freude, Freiheit, Unendliches Bewußtsein und die Ureigenste Quelle und Grundsubstanz des Lebens ist. Und Er erklärt, daß diese Wirklichkeit, diese Identität, dieses Glück, das Er das "Herz" nennt, selbst jetzt die eigentliche Realität jedes einzelnen von uns ist und sich als solche Wahr-nehmen läßt.

Die Person, von Der ich spreche, ist Da Avabhasa, der Sprecher, Der die zentrale Erörterung dieses kleinen Buches durchführt. Er hat das Göttliche Selbst Wahr-genommen, und Er Bietet einen Weg An, auf dem jeder dieses eine selbe Glück Wahr-nehmen kann. Das Buch enthält einige weitere Beiträge, die darüber informieren, was Da Avabhasa Lehrt und Wer Er Ist (und ich möchte den Herausgebern, die die verschiedenen Teile aneinandergereiht haben, meine Anerkennung aussprechen: Saniel Bonder – dessen Buch *Das Göttliche Hervortreten des Welt-Lehrers* mir zur Vertiefung meiner Beziehung zu Da Avabhasa verholfen hat – und Carolyn Lee). Doch bevor Sie dieses Buch lesen, möchte ich mich mit diesem Gedanken verabschieden:

Die Weisheit Da Avabhasas, die Weisheit des Herzens, hat die Kraft, Sie zum Glück zu führen. Mein Rat – der beste, den ich je gegeben habe – ist, daß Sie sich erlauben, jene höchste Möglichkeit zu erforschen, die Er unterbreitet, und daß Sie sich der wahren Hilfe bedienen, die Er so Liebevoll und Verschwenderisch Anbietet.

DA AVABHASA
Sri Love-Anandashram, September 1991

ERSTER TEIL

Unbegrenzt Fühlen

Ein Spirituelles Lehr-Gespräch
des
Göttlichen Welt-Lehrers
und Wahren Herz-Meisters
Da Avabhasa
(*Des "Hellen"*)

Nur das Glück An Sich Ist Frei von der Notwendigkeit (und dem Drängenden Bedürfnis), nach dem Glück zu Suchen.

Wenn man sich Nur für das Glück An Sich Entscheidet, ist alles andere Bald Vergessen.

Widmet euch daher Ausschließlich und (Bald) Vollkommen dem Glück An Sich.

DA AVABHASA
The Lion Sutra
(Verse 125-27)

Unbegrenzt
Fühlen

Ein Spirituelles Lehr-Gespräch
des Göttlichen Welt-Lehrers
und Wahren Herz-Meisters

Da Avabhasa

(*Des "Hellen"*)

24. Mai 1983

Die folgende Erörterung mit dem Titel "Unbegrenzt Fühlen" hat Da Avabhasa mit Seinen Schülern am 24. Mai 1983 durchgeführt. Sie fällt in die Zeit Seiner aktiven Lehrtätigkeit (1970-1986), in der Er Sich energisch mit all den gewöhnlichen und außergewöhnlichen Problemen, Anliegen, Gewohnheiten, Wünschen und Begrenzungen derer auseinandersetzte und identifizierte, die um Seiner Spirituellen Hilfe willen zu Ihm kamen.[1] Der Rahmen war ein kleines Ferienquartier namens Namale Plantation an der Südseite von Vanua Levu, der zweitgrößten der fidschianischen Inseln. Da Avabhasa hielt Sich dort vorübergehend mit einer kleinen Gruppe von Schülern auf, während einige andere Schüler sich in den fidschianischen Inseln nach einem passenden Eigentum umsahen, an dem Er ein permanentes Eremitagen-Heiligtum einrichten könnte.

An diesem besonderen Nachmittag kam Da Avabhasa mit Schülern zusammen, um eine Unterhaltung fortzusetzen, in der Er ihnen zu helfen

---

1. Der Unterschied zwischen Da Avabhasas Lehr-Werk und Seinem gegenwärtigen Segnungs-Werk (oder Werk des Göttlichen Hervortretens) wird auf S. 76-78 erörtert.

versucht hatte, die Wurzeln ihres un-Glücklichen Zustandes zu beobachten und zu verstehen. Der Boden des Zimmers war mit traditionellen fidschianischen Matten ausgelegt, und die Wände waren mit Flechtwerk von ähnlicher Machart behangen. Durch gläserne Schiebetüren blickte man nach draußen auf den grünen Rasen. An der Stirnseite des Zimmers saß Da Avabhasa mit überkreuzten Beinen in einem niedrigen Korbsessel. Die kraftvollen Arme und der mächtige Rumpf waren bei der tropischen Hitze unbekleidet. Vor Ihm stand ein kleiner Tisch, der in dezenter Weise mit Blumen geschmückt war. Darauf standen ein Trinkglas und ein Gefäß mit einem nassen Waschlappen, mit dem Er Sich das Gesicht zu kühlen pflegte. Ihm gegenüber saßen etwa dreißig Schüler im Schneidersitz auf dem Boden.

Auch diesmal war die Spirituelle Ausstrahlung von Da Avabhasas Transzendentem Göttlichen Bewußtsein wieder deutlich zu spüren. Ein Schüler, der bei dieser Sitzung in Namale Plantation zugegen war, beschrieb das Zimmer als "durch und durch elektrisiert" von Da Avabhasas Spirit-Kraft. Seine Spirituelle Ausstrahlung oder Übertragung und die persönliche Beziehung der anwesenden Schüler zu Ihm bildeten den sakralen Rahmen, in dem dieses Gespräch stattfand.

Im Laufe der Unterhaltung sprach der Meister mit einer Frau, die von sich bekannte, daß sie sich häufig als emotional erstarrt und leblos empfand. Sie klagte, sie könne von den Emotionen der Angst, der Trauer und des Zornes kaum etwas fühlen und sähe sich außerstande, diese schwierigen Emotionen und Reaktionen anderer gegenüber auszudrücken und sie loszulassen.

Das folgende Gespräch war Meister Da Avabhasas Antwort auf das Dilemma dieser Frau, das auch das Problem der Menschen im allgemeinen ist. Er erklärt, warum der Schlüssel sowohl zum menschlichen Glück als auch zur Spirituellen Wahr-nehmung in der Fähigkeit liegt, unbegrenzt zu Fühlen.

D A **A**VABHASA: Manchmal wird den Menschen klar, daß sie sich nicht wohl fühlen, keine tiefen Empfindungen haben, ihre Gefühle nicht frei ausdrücken und sich nicht auf andere emotional einlassen können, und sie versuchen alles Mögliche, um diesen Zustand zu beheben.

Sie versuchen zum Beispiel das gegenteilige Gefühl in sich hervorzurufen. Falls sie zu Depressionen neigen, versuchen sie besonders lustig zu sein und aus sich herauszugehen. Falls sie nicht viel für andere empfinden, versuchen sie ein wirkliches Interesse für andere zu entwickeln und ihnen eine Menge Energie und "Liebe" zu geben. Sie fangen an, sie mit verliebten Augen anzustarren, und sagen ihnen fortwährend, wie sehr sie sie lieben.

Oder sie nehmen Zuflucht zu psychiatrischen Methoden, um gefühlvoller zu werden. Sie durchsuchen die Vergangenheit nach Ursachen für ihre emotionale Verschlossenheit oder nach Erinnerungen, die eine Art Wunde sind, welche sie am Fühlen hindert. Oder sie beobachten ihre Träume, um einen Schlüssel in ihnen zu finden, mit dem sie an die Kraft ihrer Emotionen herankommen können.

Oder sie versuchen religiös zu werden. Sie lesen eine Menge über Religion oder gehen zu religiösen Organisationen und versuchen sich irgendeine große Idee von der Wirklichkeit zu bilden, die sie instand setzen soll, stärker zu empfinden, offener zu sein in ihren Gefühlen, sich nicht so widerborstig und verkrampft, sondern einfach glücklich zu fühlen.

Oder sie versuchen sich ständig aufs neue zu verlieben. Sie stürzen sich in sexuelle Abenteuer und lassen sich mit allen und jedem ein. Sie versuchen eine Menge Freunde zu haben und wollen immer von allen geliebt werden.

Oder sie wollen sich immer in ihrer Haut wohl fühlen und wenden sich daher körperlichen Vergnügen zu. Sie versuchen, immer satt zu sein, niemals leer, niemals ohne Essen, niemals sexuell untätig. Oder sie reden oder denken zwanghaft, um damit eine Energie in sich zu entwickeln, die sie das Gefühl der Leere oder Bedrückung vergessen läßt.

Oder sie machen sich anderen gegenüber nützlich, indem sie sich humanitären Aufgaben widmen, der Gesellschaft dienen und "gute Werke" tun. Oder sie wollen andere belehren, wollen an die Öffentlichkeit gehen und den Menschen sagen, wo es lang geht, um sich dadurch zu bestätigen, daß es wirklich etwas gibt, das wahr ist und worüber man sich freuen kann.

Und so weiter und so fort ohne Ende. Mit anderen Worten, alle – nicht nur ein paar Leute, die ihre Gefühle nicht ausdrücken können – sondern alle tun irgend etwas, um jenes Übel zu kurieren, das sie für eine emotionale Krankheit halten. Aber die Gründe für ihren verkümmerten emotionalen Zustand, ihre emotionale Absonderung, ihre emotionale Verstörtheit werden durch keine dieser zahllosen Unternehmungen beseitigt. Jeder kann sich gewiß irgendeinmal ein bißchen besser fühlen, aber in jenem letzten Sinne versagen die Menschen – sie werden am Ende nicht einfach wirklich Glücklich.

Alles, was ihr treibt, sei es sozialer, physischer, geistiger, psychischer oder emotionaler Natur, ist also die Dramatisierung einer emotionalen Krankheit oder, wie Ich es lieber nennen möchte, einer "Krankheit des Fühlens". Mit "Fühlen" meine Ich nicht bloß Gefühl oder Emotion in dem Sinne, daß ihr eine Gegenanstrengung gegen eure gehemmte Emotionalität oder euer gehemmtes Fühlen machen könntet, indem ihr immer emotionaler würdet. Mit "Fühlen" meine Ich das Gefühl des Seins, das Daseins-Gefühl, das eine Aktivität der gesamten Person ist und sich nicht auf den neurologischen Teil von uns beschränken läßt, in welchem wir von Emotion sprechen.

Der gesamte Körper-Geist ist in diesem Fühlen gegründet. Fühlen erstreckt sich gleicherweise auf den Geist wie auf die Gefühle. Es erstreckt sich auf den körperlichen und auf den sozialen Bereich. Ebenso erstreckt es sich auf unsere psychische oder psychologische und auch auf unsere Spirituelle Natur. Jeder Teil unseres gesamten Seins Ist das Seins-Gefühl beziehungsweise ist in Ihm gegründet. Was Ich als "Fühlen" bezeichne, steht offensichtlich zu dem in Beziehung, was ihr Emotion nennt. Dennoch ist es kein Gefühl, das sich auf einen bestimmten Bereich begrenzen läßt, der von Körper und Geist getrennt und in einem Sektor des Gehirns oder der Anatomie der Brust angesiedelt wäre. Jeder Teil von uns, jeder Aspekt des Körper-Geistes – Psyche, denkender Verstand, Emotion, Körper, unser zwischenmenschliches oder soziales Leben und so weiter – ist eine Begrenzung des Seins-Gefühls, eine Dramatisierung der Selbstverkrampfung.

Wenn ihr daher dieses Daseins-Gefühl wiederherstellen wollt, wenn ihr frei und uneingeschränkt in diesem Fühlen sein wollt, dann müßt ihr nicht bloß empfindungsfähiger werden und die emotionale Seite in euch entwickeln, sondern der ganze Körper-Geist muß sich ohne jede Einschränkung an Jenes hingeben, muß Es Sein, muß Es Fühlen.

Der Spirituelle Prozeß dreht sich um die Befreiung der Energie und der Aufmerksamkeit von aller Bindung, Verkrampfung und Begrenzung. Und begrenzte und blockierte Energie und Aufmerksamkeit äußern sich beide im gleichen Symptom: der Begrenzung des Daseins-Gefühls. Ganz gleich, was geschieht, ihr Fühlt nicht vollständig, ihr Fühlt nicht unbegrenzt, ihr Fühlt nicht nur einfach. Ihr seid begrenzt in eurem Fühlen in Beziehung zu allem, restlos allem. Und so ist eure grundlegende Krankheit, obgleich sie nicht notwendig ist und daher als "imaginär" bezeichnet werden könnte, eine Begrenzung, die ihr dem Fühlen auferlegt.

Doch anstatt euch nur emotional (und vielleicht insgesamt) krank zu fühlen und nur zu versuchen, eure Begrenzung durch irgendeine Anstrengung, irgendein Linderungsmittel oder Heilverfahren oder Reglement zu überwältigen in der Hoffnung, euch dadurch Erleichterung zu verschaffen, müßt ihr eure typischen persönlichen Begrenzungen zuerst einmal einfach und gründlich beobachten. Und dabei helfen euch Meine Lehre und Mein Spiel.[2] Genau das tue Ich – obwohl es nicht das einzige ist, was Ich tue. Jemand, Der über die Krankheit des Daseins hinaus Erwacht ist, hilft anderen, den Wahren oder Göttlichen Seinszustand Wahr-zunehmen.

Aber wenn ihr den Göttlichen Grundzustand Wahr-nehmen wollt, müßt ihr einen Prozeß der Selbsttranszendierung durchmachen. Dieser Prozeß beginnt damit, daß ihr Meine Lehre über die Selbstverkrampfung, die Begrenzung des Fühlens, "untersucht".[3] Und ihr "untersucht" Meine

2. Das "Spiel", von dem Da Avabhasa spricht, schließt die vielen Formen des Lehr-Theaters ein, die Er vor 1986 in den Jahren der Lehrtätigkeit in Szene setzte. Obgleich die Form Seiner Arbeit sich sehr gewandelt hat, so geht Sein Spirituell wirksames Spiel mit den Schülern doch auch während der Phase Seines Segnungs-Werks weiter.

3. "Untersuchung" ist im Weg des Herzens das Äquivalent zu dem uralten Yogischen Ausdruck und Prozeß des "samyama": der rigorosen und erschöpfenden Konzentration der gesamten Energie und Aufmerksamkeit auf eine Idee, ein Thema, ein Objekt oder eine Person, bis das eigentliche Wesen dieses Gegenstandes absolut klar wird. Auf dieser Basis kann man dann intelligente und erfolgversprechende Entscheidungen darüber treffen, wie man mit dem Gegenstand der "Untersuchung" umgehen will. In echter "Untersuchung" ist man bereit, alle vorgefaßten Meinungen um der Wahrheit willen aufzugeben und gegebenenfalls sein ganzes Leben zu ändern aufgrund der Erkenntnis, die einem am Ende durch die "Untersuchung" zuteil wird.

Lehre nicht lediglich dadurch, daß ihr über sie philosophiert, sondern indem ihr euch bei allem, was ihr tut, und selbst mitten in euren philosophischen Überlegungen, beobachtet.

Meine **A**rbeit hilft euch, euch selbst gegenüber in jeder Hinsicht sensibel zu werden und in einen profunden Umstand der Selbstbeobachtung einzutreten. Ihr beobachtet dann nicht nur, daß ihr krank oder un-**G**lücklich seid oder daß ihr emotional oder sonstwie oder insgesamt verstört seid – sondern daß <u>ihr</u> das selbst tut. <u>Ihr</u> <u>selbst</u> <u>seid</u> un-**G**lücklich. Ihr selbst seid das Tun, das eure Neurose, eure Begrenzung ist. Sie ist nicht lediglich etwas, das dem Körper-Geist widerfährt oder ihm irgendwann in der Vergangenheit widerfahren ist oder irgendwo in den Organen des Körpers oder im Gehirn steckt. Es befindet sich nirgendwo in Raum und Zeit außerhalb von euch. Ihr selbst seid der eigentliche Urheber, der eigentliche Prozeß, der die Begrenzung ist, welche das Phänomen hervorbringt, das ihr als euren un-**G**lücklichen Zustand bemerkt und konstatiert.

Und folglich ist euer un-**G**lücklicher Zustand überhaupt keine Krankheit. Krankheit ist wie ein schmerzender Fuß. Sie ist da unten, am Fuß. Ein Fuß ist ein Ding, das ihr als Objekt behandelt. Euer un-**G**lücklicher Zustand ist keine Krankheit. Dies ist ein weiterer Grund dafür, daß **I**ch ihn eine "imaginäre Krankheit" nenne, denn er ist gar keine Krankheit. Er ist ein Tun. Er ist etwas, das ihr tut. Wenn ihr euch ins eigene Fleisch kneift, das ist keine Krankheit. Aber wenn ihr nicht bemerkt, daß ihr euch kneift, dann wird das Kneifen mit der Zeit zu chronischem und sogar anhaltendem Schmerz. Ihr reagiert auf verschiedene Weise darauf, und euer ganzer Lebensstil wandelt sich und stellt sich darauf ein. Ihr könnt diesen Schmerz dann als "Krankheit" bezeichnen. Doch der Akt des Kneifens ist keine Krankheit. Er ist nur eine Handlung. Würdet ihr bemerken, daß ihr es selbst tut, dann könntet ihr damit aufhören, und alle Symptome würden dann ebenfalls verschwinden.

Die Menschen können auch ohne große Einsicht bemerken, daß sie leiden, daß sie sich nicht wohl fühlen, daß sie un-**G**lücklich sind. In privatem Gespräch werden sie es gewiß zugeben, obwohl sie andauernd alles Mögliche tun, um sich besser zu fühlen. Ebendarum denken sie so viel und tun sie so viel, haben so viele Wünsche und so viele Emotionen, und ebendarum leiden sie auch so viel. Die Suche nach Befreiung vom

Leid ist selbst eine Form von Leid. Sie ist nicht die Lösung des Problems. Ihr müßt mehr tun, als nur zu bemerken, daß ihr leidet und euch anstrengt, das Leid loszuwerden. Das ist nicht sehr intelligent und führt letztlich zu nichts.

Dieses "Mehr", das ihr tun müßt, ist etwas, das Ich mit dem Bild vom Kneifen veranschaulichen will. Ihr müßt euch viel gründlicher und tiefgreifender beobachten, als nur festzustellen, daß ihr euch nicht wohl fühlt und eigentlich unglücklich, kompliziert oder gehemmt seid. Ihr müßt euch in jedem Augenblick ganz gründlich und umfassend und echt und unmittelbar bis in die letzte Einzelheit beobachten. Es reicht nicht, daß ihr einfach nur über euch nachdenkt. Beobachtet euch lediglich in jeder Hinsicht, beobachtet alles, was in euch in Erscheinung tritt, so zum Beispiel auch eure Tendenz, über alles zu grübeln und nachzudenken.

Beobachtet euch, bis ihr an den Punkt kommt, wo ihr nicht mehr nur feststellt, daß ihr euch nicht besonders wohl fühlt, und nicht mehr ständig alles Mögliche unternehmt, um euch besser zu fühlen. Beobachtet, daß dieses Sich-nicht-wohl-Fühlen etwas ist, das ihr selbst tut. Es ist nicht etwas, das euch widerfährt. Un-Glücklichsein ist nicht der seinsnotwendige Grundzustand der kosmischen Natur oder des Körper-Geistes oder des manifesten Daseins. Es ist etwas, das zum manifesten Dasein <u>hinzugefügt</u> wird. Es ist eine Reaktion auf das alles. Jemand, der sich lange Zeit ins eigene Fleisch gekniffen hat und sich dessen schließlich bewußt wird, hört damit auf. Verstehen ist von der Art – es befreit euch von der Vorstellung der Krankheit und von der Anstrengung, ein Problem zu lösen. Es versetzt euch insgesamt in eine andere Lage, in der ihr die Verantwortung für einen primitiven Mechanismus übernehmen könnt, den ihr in Gang haltet, aber nicht in Gang zu halten braucht. Ihr müßt verstehen, daß eure Krankheit, euer un-Glücklicher Zustand, eure Gehemmtheit oder wie auch immer ihr es nennen wollt, einfach etwas ist, das ihr euch selbst antut und wofür ihr volle Verantwortung tragt. Ihr müßt entdecken, daß es nicht notwendig ist und von euch zum manifesten Dasein hinzugefügt wird. Ihr müßt sehen, daß es in der Tat etwas ist, das ihr in Gang haltet, anstatt einfach völlig und wirklich Dazusein.

Und wenn ihr versteht, das heißt, wenn ihr aufhört, euch zu kneifen und einfach in der Position Steht, die dieser Geste, durch die ihr euch un-Glücklich macht, Immer Bereits Vorausgeht, dann seid ihr in der Lage, mit dem Letzten Grundzustand in Berührung zu kommen; ihr werdet Ihn "Lokalisieren" und wahrnehmen, in enge Verbindung mit Ihm treten und euch schließlich an Ihn hingeben; es ist der Zustand, in Dem ihr wirklich existiert, in Dem ihr immer bereits existiert, in Dem die ganze kosmische Natur existiert, in Dem alle lebenden Wesen existieren. Und wenn ihr Ihn "Lokalisiert" habt, könnt ihr den Weg des Herzens praktizieren. Die Praxis des Weges des Herzens besteht vor allem in der Hingabe an diesen Göttlichen Grundzustand. Die Praxis macht von dieser Fähigkeit der Einsicht Gebrauch. Sie macht Gebrauch von allen möglichen Disziplinen, die eurer Gleichmütigkeit dienen und eure Energie und Aufmerksamkeit freisetzen von den tiefsitzenden Tendenzen, mit denen ihr einfach nur euren un-Glücklichen Zustand dramatisiert. Doch in erster Linie besteht die Praxis in der Hingabe an den Göttlichen Grundzustand des Daseins. Und das heißt, die Praxis des Weges des Herzens besteht in erster Linie darin, daß man unbegrenzt Fühlt.

In jedem Augenblick tritt ein anderer Umstand in Erscheinung, und daher neigt ihr in jedem Augenblick zu einer anderen Begrenzung des Fühlens. In einem Augenblick des Verlangens begrenzt ihr euer Fühlen auf das, was euch begehrenswert erscheint, was ihr zu erlangen sucht, auf die Empfindungen und Handlungen, die mit dem Verlangen und seiner Befriedigung verbunden sind. In einem Augenblick des Denkens übt ihr die Begrenzung des Fühlens, indem ihr die Aufmerksamkeit auf die begrifflichen Kategorien des Denkens begrenzt. In einem Augenblick der emotionalen Reaktion begrenzt ihr das Fühlen auf die Kraft emotionaler Reaktion – auf Angst, Trauer, Zorn und jenes Gefühl, das im Bereich konventioneller sozialer Gesten als "Liebe" bezeichnet wird. Jeder Gegenstand, jeder Umstand, der in Erscheinung tritt, ruft ganz mechanisch eine andere Art der Begrenzung des Fühlens auf den Plan. Und typischerweise werdet ihr zu dieser Begrenzung. Was auch immer in Erscheinung tritt, ihr macht euch diese Begrenzung zu eigen. Und da ihr euch chronisch in jedem Augenblick eine Begrenzung zu eigen macht, entwickelt ihr im Laufe der Zeit das Gefühl, daß ihr un-Glücklich seid, daß ihr blockiert seid, und eure Suche nach dem Glück wird um so intensiver.

Manche fahren fort mit der Suche nach mehr, nach etwas anderem, nach irgend etwas im konventionellen Bereich. Sie suchen nach irgendeiner Lösung, die ihnen irgendwie noch die Möglichkeit zu versprechen scheint, vollkommen frei und glücklich zu werden. Doch einige kriegen schließlich die **L**ektion des **L**ebens[4] mit oder gelangen vielleicht in die **G**esellschaft eines **S**pirituellen **M**eisters und kommen zu guter Letzt durch "Untersuchung" zu dem Schluß, daß sie chronisch un-**G**lücklich sind – und zwar nicht, weil das manifeste Dasein un-**G**lücklich ist. Sie entdecken schließlich, daß sie un-**G**lücklich sind, weil sie un-**G**lücklich sind, und wirklich aus keinem anderen Grund. Wer wenigstens bis zu einem gewissen Grade die **L**ektion des **L**ebens mitbekommt, kann sich dann auf den Weg machen und einen **S**pirituellen **M**eister finden. Andere werden vielleicht hinlänglich frustriert, um nach einem **S**pirituellen **M**eister zu suchen, und in der **G**esellschaft des **S**pirituellen **M**eisters werden sie diese **L**ektion vielleicht schließlich begreifen.

Jedenfalls müßt ihr diese **L**ektion erfassen, diese Entdeckung machen, falls ihr in den Strom des **S**pirituellen **L**ebens eintreten wollt. Und was ihr entdecken müßt, sobald ihr diese **L**ektion begreift und sobald ihr eine **Q**uelle **S**piritueller Übertragung[5] findet, ist dies: Ihr seid genau das, was ihr leidet. Ihr seid es nicht bloß als ein leidendes Wesen, sondern ihr seid tätig als dieses Leiden. Diese Tätigkeit ist in erster Linie eine Begrenzung des **F**ühlens. Und ihr könnt diese Begrenzung des **F**ühlens in Beziehung auf alles, restlos alles beobachten, in jedem Augenblick praktischer Tätigkeit und in jeder Situation, jeder Beziehung, jedem Vorgang.

Selbst jetzt braucht ihr euch nur zu beobachten, um zu sehen, daß ihr nicht unbegrenzt **F**ühlt. Ihr fühlt die augenscheinliche Grenze. Ist es nicht offensichtlich, daß ihr zu wenig fühlt, daß ihr nicht vollständig **F**ühlt, sondern eine Grenze fühlt, die auf dem beruht, was ihr gerade wahrnehmt, oder darauf, wie es euch beeindruckt oder wie ihr es in diesem Moment deutet? Wenn ihr euch beobachtet, stellt ihr fest, daß ihr selbst jetzt nicht genug fühlt – in dieser Situation, die ihr vermutlich als angenehm, glücklich und problemlos und als frei von ernstlicher Bedrohung empfindet. Ihr fühlt euch in der Tat un-**G**lücklich. Ihr befindet euch zwar nicht in einem negativen emotionalen Zustand, aber ihr braucht euch nur zu beobachten, um zu bemerken, daß ihr nicht unendlich

---

4. Die "**L**ektion des **L**ebens" wird von **D**a **A**vabhasa unter anderem in der folgenden prägnanten Formel definiert: "Man kann nicht **G**lücklich werden, man kann nur **G**lücklich sein." Mit anderen Worten, man kann das höchste **G**lück nicht durch Suchen erlangen, sondern man kann nur dadurch **G**lücklich sein, daß man das von Natur aus immer bereits vorhandene **G**lück des **D**aseins **F**ühlt.

5. **D**a **A**vabhasa hat gesagt, daß alle **W**ahr-nehmer und selbst alle Menschen, die auf einer geringeren Entwicklungsstufe stehen, von Natur aus spontan das ausstrahlen, was sie sind. Aber die **A**usstrahlung oder Übertragung des **V**ollkommen **E**rleuchteten **W**ahr-nehmers ist die Übertragung "des **H**erzens **A**n **S**ich" — jener **L**iebe-**G**lückseligkeit, die dem **K**örper-**G**eist und dem getrennten und trennenden **I**ch **I**mmer **B**ereits **V**orausgeht.

Glücklich seid und nicht unbegrenzt Fühlt. Wenn ihr nicht unbegrenzt Fühlt, dann fühlt ihr nicht genug, sondern engt die Kraft des Fühlens, die Kraft des Daseins ein und seid daher aktiv un-Glücklich. Diese Begrenzung des Fühlens, die ihr alle während dieser "Untersuchung" verspürt habt, ist genau das, worauf ich hinweise mit solchen Ausdrücken wie "Narziß",[6] "Selbstverkrampfung", "un-Glücklich" und so weiter.

Diese grundlegende Begrenzung, die ihr in jedem Augenblick in euch beobachten könnt, ist eine Begrenzung des Fühlens, eine Blockierung des Fühlens, die sich in jedem Aspekt eures praktischen Lebens äußert. Diese Begrenzung des Fühlens, die ihr in jedem Augenblick beobachten könnt, sofern ihr nur mittels unserer "Untersuchung" eure Aufmerksamkeit auf sie richtet, äußert sich im übrigen als alle möglichen Denkgewohnheiten, psychischen Zustände und Neigungen zur emotionalen Reaktion, als tiefverwurzelte Wünsche und Triebe, als Gewohnheiten und Rituale in der Beziehung zu anderen, als Neigung zur Ausschweifung, als Suche in jeder Form und als Rollenspiele. All das wurzelt in diesem einen Grundmuster, diesem einen Vorgang, diesem einen kontinuierlichen Zustand. Und dieser chronisch un-Glückliche Zustand wird auf die ganze Welt übertragen.

Ihr wißt, daß man in der Psychiatrie von Übertragung spricht. Die Patienten der Psychiater projizieren typischerweise auf ihre Therapeuten Gefühle, emotionale Reaktionen und Verhaltensmuster, die sie ansonsten gewöhnlich mit den Menschen ihres Privatlebens, zum Beispiel ihren Eltern, ausleben, und sie machen den Psychiater tatsächlich zu ebenjener Person, auf die sie im Alltag allergisch reagieren.

Auch in der Welt im allgemeinen gibt es eine Form von Übertragung, die jedermann benutzt. Man braucht kein Patient der Psychiatrie zu sein, um sie anzuwenden. Jeder überträgt oder projiziert auf andere und auf die ganze Welt die Krankheit, an der er leidet. Diese Krankheit färbt die ganze Welt, färbt alle Beziehungen, ist der Grund dafür, daß die Menschen anderen gegenüber auf bestimmte Art und Weise handeln und

---

6. Narziß ist der in sich selbst verliebte Jüngling der griechischen Mythologie. Für Da Avabhasa ist "Narziß" ein Schlüsselsymbol des Menschen in seinem un-Erleuchteten Zustand, verliebt in sein Selbstbild und sein begrenztes Ichbewußtsein. Im *Knie des Lauschens* hat Da Avabhasa Seine Deutung des Narziß auf die folgende kurze Formel gebracht:
Er ist die uralte Gestalt, die in dem griechischen "Mythos" deutlich eingefangen ist. Narziß war das allseits geliebte und bewunderte Kind der Götter, der Jüngling, der seine Geliebte und jede Form von Liebe und Beziehung abwies und schließlich zu der Betrachtung seines eigenen Spiegelbildes verdammt wurde, bis er die Tatsache ewiger Trennung erlitt und in grenzenloser Einsamkeit starb.

fühlen und denken. Wenn das Kleinkind den Ödipuskomplex entwikkelt, überträgt (oder projiziert) es eigentlich auf die Eltern einen emotionalen Zustand, einen Zustand begrenzten Fühlens, und es deutet das, was sich zwischen den Eltern abspielt, als buchstäblichen Verrat an ihm. Die Eltern leben jedenfalls normalerweise einfach ihr Leben miteinander und lieben ihr kleines Kind, aber das Kind denkt, daß die Eltern einen abscheulichen Verrat an ihm verüben. Und dieses Gefühl des Veratenwerdens ist so mächtig und nachhaltig, daß es das Kind für sein ganzes Leben brandmarkt.

Das ist ein Beispiel für Übertragung. Aber auch alles andere, was die Menschen tun, läßt sich als Beispiel zitieren. Jeder überträgt auf die Welt, projiziert auf die Welt und alle Beziehungen einen Zustand, für den er selbst verantwortlich ist, einen Zustand, der seinen Ursprung nicht in der Welt, sondern in ihm selber hat. Man könnte daher sagen, daß die typisch buddhistische Deutung des manifesten Daseins oder des manifesten Kosmos eine Form von Übertragung ist: "Das Leben ist Leid. Das Dasein ist Leid." Wie ist denn das Dasein dazu gekommen, Leid zu sein? Wie ist das manifeste Dasein – der ganze Kosmos – dazu gekommen, Leid zu sein? Als wenn der Buddhist tatsächlich alles genau untersucht hätte und dadurch zu diesem Schluß gekommen wäre! Selbst wenn solch ein Buddhist eine ganze Menge untersucht hat, so guckt er sich das alles doch immer nur durch die Brille seiner eigenen Krankheit an und überträgt diese Krankheit auf die Welt. Und dann beginnt er an der Welt selbst oder an den augenscheinlich objektiven Erscheinungen des Körper-Geistes herumzudoktern und macht enorme Anstrengungen, die Erscheinungen der Welt zu eliminieren, als seien sie selbst eine Art Übel.

Der traditionelle jüdisch-christliche Begriff der Sünde ist ein ähnliches Beispiel der Übertragung. Er verknüpft den unglücklichen Zustand des Menschen mit der Idee einer objektiven historischen Ursache: mit Adam und Eva und dem, was sie im Garten Eden Gott gegenüber taten! Wir sind daher schon durch die Geburt, durch unseren angeborenen Charakter, durch den großen universellen Sündenfall objektiv zu Sündern abgestempelt. Und daher bedürfen wir auch einer objektiven Ursache, um in den Himmel zu kommen, um glücklich oder Spirituell lebendig zu sein. Daher muß der menschgewordene Gott zu uns herabsteigen, sich umbringen lassen und ein Ritual durchmachen, das uns objektiv aller Schuld enthebt, während wir zuvor notwendiger-weise voller Schuld waren.

Ihr benützt alle diesen ziemlich primitiven Mechanismus der Übertragung, denn keiner von euch hat die Verantwortung für sich selbst übernommen. Da ihr nun einmal alle diesen Akt der Übertragung begangen habt, sind folglich eure sämtlichen Handlungsweisen auf dem Gebiet der Religion, der Philosophie und auf jedem anderen Gebiet von der Art, daß ihr sie transzendieren müßt. Ihr müßt eure Religionen und Philosophien transzendieren, insofern sie alle nur eine Folgeerscheinung eures eigenen verantwortungslosen Leidens sind, und im allgemeinen sind sie das. Es gibt allerdings eindeutig Momente in der **G**roßen **T**radition[7] – große Persönlichkeiten, große Vorkommnisse hier und da – bei denen es tatsächlich um die Transzendierung des manifesten Daseins und um **G**öttliche **S**elbst-**W**ahr-nehmung geht. Aber daneben steht dann der ganze Rest – geradeso, wie man sagen könnte, das Gesamtbild der menschlichen Geschichte enthalte große Momente und große Persön-lichkeiten, und daneben stehe dann der ganze Rest. Und das allermeiste ist "der ganze Rest". Und der größte Teil der Religion ist "der ganze Rest". Der größte Teil der **G**roßen **T**radition ist "der ganze Rest", das Produkt menschlicher Verantwortungslosigkeit, Egoität oder un-**G**lücklichkeit. All das besteht aus demselben Zustand, den ihr in diesem einfachen alltäglichen Augenblick als euren Zustand bekennt: dem begrenzten Fühlen.

Falls ihr fortfahrt, ihn zu beobachten, werdet ihr entdecken, daß ihr nicht lediglich un-**G**lücklich und chronisch begrenzt im Fühlen seid, sondern daß ihr das selbst tut. Ihr braucht nicht begrenzt zu sein in eurem Fühlen, ihr tut es einfach nur. Falls ihr nicht un-**G**lücklich sein wollt, dann tut das nicht mehr! Wendet euch nicht länger an den Kosmos um Heilung, schimpft den Kosmos nicht länger ein Übel, macht nicht länger alle möglichen Gegenanstrengungen in Psyche und Geist und Gefühl und Körper und im sozialen Leben, um euch **G**lücklich zu machen. Wenn ihr bereits un-**G**lücklich seid, dann kann nichts von alledem euch **G**lücklich machen. Und wenn ihr wirklich nicht länger un-**G**lücklich sein wollt, dann müßt ihr euch beobachten und aufhören, un-**G**lücklich zu

---

7. "Die **G**roße **T**radition" ist **D**a **A**vabhasas Ausdruck für das gesamte Erbe aller kulturellen, religiösen, magischen, mystischen, **S**pirituellen, **T**ranszendenten und **G**öttlichen Pfade und Philosophien der Menschheit.

sein, aufhören, das zu tun, was euer un-**G**lück ist. Und was ist un-**G**lück im Grunde anders als die Begrenzung des **F**ühlens?

Ihr könnt beobachten, daß ihr euch zu allem, was in Erscheinung tritt, als entweder angemessen oder unangemessen in Beziehung fühlt. Wenn ihr einen Gorilla hinter euch herjagen seht, dann ist Angst – und hoffentlich auch Flucht – die angemessene emotionale Reaktion. Und die unangemessene Reaktion wäre, daß ihr lachen und euch anschicken würdet, dem Gorilla Geschichten aus eurer Kindheit zu erzählen. Wenn jemand zu einer Beerdigung geht, dann ist die angemessene Reaktion, daß er weint und sich traurig und schwermütig fühlt, und eine unangemessene Reaktion wäre, wenigstens aus konventioneller Sicht, wenn er lachen, einen Steptanz aufführen und die Tatsache des Todes so gut wie leugnen würde. Worauf **I**ch abziele, ist, daß die angemessene Reaktion – man könnte auch von "angemessenem Affekt" sprechen – bestenfalls eine sinnvolle Form begrenzter Emotion angesichts eines augenscheinlichen Tatbestandes ist. Sie ist nicht unbegrenztes **F**ühlen. Sie ist die Begrenzung des **F**ühlens, obgleich sie angemessen ist. Und gleicherweise sind unangemessene emotionale Reaktionen eindeutig Begrenzungen des **F**ühlens. Mit anderen Worten, ganz gleich, was in Erscheinung tritt und ob ihr aus konventioneller Sicht angemessen oder unangemessen darauf reagiert, ihr stellt euch stets als Begrenzung des **F**ühlens dar. Und das ist aus **M**einer "**S**icht", wie ihr euch wohl denken könnt, unangemessen!

Mit anderen Worten, ihr müßt mehr tun, als lediglich Angst zu haben, wenn es angemessen ist, Angst zu haben, und traurig zu sein, wenn es angemessen ist, traurig zu sein, und lustig zu sein, wenn es angemessen ist, lustig zu sein. Ihr müßt vollständig **F**ühlen, ohne jede Einschränkung, und in dem Fall werdet ihr nicht lediglich Angst haben oder zornig oder traurig sein. Ihr werdet Zorn, Trauer und Angst empfinden und auch das, was euch zu Zorn, Trauer und Angst veranlaßt. Und indem ihr euch vollständig erlaubt, diese Gefühle zu fühlen, werdet ihr diese Gefühle nicht lediglich dramatisieren, obwohl ihr vielleicht auch fortfahrt, sie bis zu einem gewissen Grade zu dramatisieren, aber ihr werdet einfach <u>fühlen</u>. Das Gefühl der angemessenen Emotion wird zum **F**ühlen **A**n **S**ich werden. Und am Ende wird es einfach **F**ühlen oder unbegrenztes **F**ühlen werden.

Es ist einigermaßen bemerkenswert: Der Grund dafür, daß ihr so verstört seid angesichts der Gegebenheiten des Lebens, die euch Angst, Trauer und Zorn einflößan können, besteht darin, daß ihr nie, wenn etwas in Erscheinung tritt, auf das ihr in geeigneter Weise mit Zorn, Trauer oder Angst reagieren könnt, diese Gefühle vollständig <u>fühlt</u>. Ihr begrenzt eure Empfindung selbst dieser Reaktionen. Und ihr begrenzt zweifellos eure Empfindung des Umstandes oder Vorgangs, der in Erscheinung tritt. Ihr bekundet stets diese Begrenzung oder Gehemmtheit im Fühlen. Wenn ihr euch nicht verkrampft und das Fühlen unbegrenzt wird, dann wird das Fühlen zum Sein An Sich – zum Fühlen ohne Begrenzung, ohne Reaktion, ohne Verkrampfung. Dieses Fühlen geht über Angst, Trauer und Zorn, über konventionelles Glück und jede liebevolle Einstellung hinaus.

Was ist Es? Es ist Liebe-Glückseligkeit. Es ist die Aus Sich Heraus Existierende und Strahlende, völlig ungehinderte Kraft des Daseins. Es ist Göttliche Erleuchtung. Es Verklärt den Körper-Geist und wird zu einer Kraft, einer Großen Kraft. Und da ihr nun durch diese Brille, diesen "einen Geschmack", diese Freie Kraft oder Freie Energie auf die Schöpfung blickt, setzt Sie euch sogar instand, alles anders zu deuten. Nun werdet ihr nicht sagen, das manifeste Dasein sei böse oder leidvoll oder sündhaft oder andere seien lieblos oder wir seien sterblich und würden sterben und das Leben sei schrecklich und so weiter. Statt dessen werdet ihr das gesamte manifeste Dasein als von Liebe-Glückseligkeit durchdrungen sehen, und zwar nicht lediglich im Sinne einer Glückseligkeit, die aus allen Richtungen auf euch zukommt, sondern im Sinne der Aus Sich Heraus Existierenden und Strahlenden Liebe-Glückseligkeit, die aus allen Richtungen genau an dem Ort Strahlt, an dem ihr Steht, und sogar <u>als</u> ihr Strahlt und überall und insgesamt Strahlt. Es ist Freie Energie. Und inmitten dieser Freien Energie seid ihr Frei als unbegrenzte, ungehinderte Aufmerksamkeit.

Wenn die Aufmerksamkeit unbegrenzt ist, ist sie Göttliches Bewußtsein An Sich, einfach Bewußtsein. Wenn Energie unbegrenzt ist, ist sie Freie Kraft, Liebe-Glückseligkeit. Wenn Energie und Aufmerksamkeit unbegrenzt sind, existiert nur Aus Sich Heraus Strahlendes, unbegrenztes Sein – und sogar die ganze Welt wird offenbar als Das. Und ihr, diese manifesten Personen, werdet zu jemand, der tätig ist als die Göttlich Verklärende Kraft, die dem Reich des manifesten Kosmos Von Natur Aus Innewohnt und es zugleich Transzendiert.

DA AVABHASA
Sri Love-Anandashram, Dezember 1991

Das **G**roße **M**ittel unbegrenzten **F**ühlens ist die fühlende-**K**ontemplation **D**essen, **D**er **F**rei **I**st

von
Saniel Bonder
und
Carolyn Lee

S ie haben nun gehört, was **Sri Da A**vabhasa über das unbegrenzte Fühlen sagt und über **Das, W**as wir fühlen können, wenn wir aufhören, unsere Fähigkeit des Fühlens chronisch einzuschränken. Und wenn Sie den Eindruck haben, daß **S**eine **A**ussage wahr ist, dann spüren Sie vermutlich mit wachsender Gewißheit, daß es wirklich möglich ist, in jedem beliebigen Augenblick über alle gewohnheitsmäßigen oder chronischen Begrenzungen hinaus unendlich zu **F**ühlen.

Nun, dann machen Sie sich also daran, das zu tun. Versuchen Sie es eine Zeitlang: Seien Sie vollkommen **F**reies **F**ühlen, strahlen Sie ständig grenzenlose **L**iebe oder **G**lückselige Herz-Empfindung in alle Richtungen aus. Tun Sie es ein paar Augenblicke lang, ein paar Tage lang, ein paar Jahre lang.

Können Sie das? Ist es wirklich möglich?

Die meisten dürften nach einem kurzen Versuch bald zugeben, daß sie nicht wissen, wie man das macht. Sie haben wahrscheinlich nicht einmal genügend Klarheit darüber, worin das "Organ" oder die "Fähigkeit" des Fühlens eigentlich besteht, und haben daher keine Vorstellung davon, wie man diese Fähigkeit benutzen kann. Oder falls sie sogar ein gewisses Gefühl dafür haben, worin diese Übung besteht, dann werden sie – falls sie ehrlich mit sich selbst sind – wahrscheinlich zu dem Schluß kommen, daß sie nicht fähig sind, besonders gut oder besonders lange "unbegrenzt zu **F**ühlen", falls überhaupt.

Sri Da Avabhasa pflegte **S**eine ersten Schüler dazu aufzufordern, dieses Experiment in seinen wesentlichen Zügen in allen möglichen Lebenslagen durchzuführen. Zudem spornte **E**r uns dazu an, jede Methode auszuprobieren, mit der wir vielleicht über unsere Begrenzungen hinausfühlen könnten. **E**r pflegte zu sagen: "Ihr wißt immer, wie es wäre, wenn ihr euch vollkommen **G**lücklich fühlen und auch so aussehen und handeln und es einfach sein würdet." Und **E**r forderte uns dazu auf, ebendas zu tun. Doch wir entdeckten stets, daß wir das nicht wirklich, eindeutig und anhaltend konnten. Keine Methode, die wir benutzten, schien brauchbar. Selbst unsere augenscheinlichen Vergnügen und Momente der Erfüllung waren kurzlebig und ohne wirkliche Substanz. Und wenn wir uns unbehaglich fühlten – was weit häufiger zutraf – half **E**r uns sehen, daß unsere chronische Erfahrung im besten Fall aus "Langeweile, Zweifel und Unbehagen" bestand, wenn nicht aus Schmerz, Krankheit, Trauer, Verwirrung, Unglück und schließlich in jedem Fall aus dem Tod.

Was Sri Da Avabhasa uns in den langen Jahren der "Untersuchung" wirklich klarzumachen versuchte, war die uralte und unabänderliche Tatsache, daß ein völlig anderes Prinzip als die Suche und Selbsthilfe vonnöten ist, wenn egoische Wesen zur Freiheit Erwachen wollen. Dieses Prinzip ist der Sat-Guru, der Spirituelle Meister, ein Mensch, der bereits Frei ist. In jenen frühen Jahren Bot Sri Da Avabhasa Sich einfach als solch ein Wesen An. Und Er wies uns ständig darauf hin, daß wir lernen müßten, in intelligenter, reifer und tiefgreifender Weise von Ihm Gebrauch zu machen, falls wir Wahr-nehmen wollen, Was wir wirklich Sind.

In den Traditionen des Spirituellen Lebens gibt es ein altes Sprichwort, welches besagt, das Ego (oder das verkrampfte Ich) könne sich ebensowenig Befreien, wie ein Dieb sich je ertappen und hinter Gitter bringen würde. Nur jemand, der selber Frei ist vom Ego, kann andere Befreien. Im Alltagsleben ist uns völlig klar, daß wir zu einem Lehrer gehen, falls wir eine Wissenschaft, Kunst oder praktische Geschicklichkeit erlernen wollen, und zwar zu einem, der dieses Metier beherrscht. Wenn einem ernst ist mit der Sache, wird man sich nicht mit einem "do-it-yourself"-Handbuch zufrieden geben, man wird sich vielmehr nach einem wirklichen Experten umsehen. Nicht anders im Bereich der Religion: Wenn man ernstlich im Spirituellen Leben vorankommen (oder sogar Gott Wahr-nehmen) will, bedarf man der Hilfe eines Menschen, der die Wahrheit Wahr-genommen hat, eines Lehrers, der den Prozeß in sich selbst bis zum Ende durchlaufen hat. Sri Da Avabhasa schreibt:

In alter Zeit galt die Maxime: Wenn einer wenigstens daran interessiert ist, etwas Besseres Wahr-zunehmen als all den Schmerz und Schaden, den man sich unentwegt selber zufügt, dann soll er unter den Lebenden nach einem Wahrnehmer suchen. Er soll keine Mühe scheuen, einen derartigen Menschen zu finden. Und wenn er Ihn gefunden hat, dann soll er sich Ihm zu Füßen werfen und Seine Unterweisung empfangen, denn Dieser ist der Einzige oder bestenfalls Einer von ganz Wenigen in dieser Generation, Der die Fähigkeit besitzt, durch die ganze Feuerprobe hindurchzugehen und herauszufinden, was die eigentliche Struktur der Wirklichkeit ist und wie man sich in Ihr zu verhalten hat. Diese Entdeckung (und diese Fähigkeit) ist keine Sache, die jeder einzelne für sich allein herausfinden kann. Ihr kommt nicht in die Welt mit dem Impuls, dies zu tun, und ihr werdet es, auf euch selbst gestellt, nicht schaffen. Nur ganz seltene Persönlichkeiten besitzen die Fähigkeit, überhaupt irgend etwas Höheres Wahr-

zunehmen, und noch seltener sind jene, die den ganzen Prozeß durchlaufen haben und mit Autorität über ihn in seiner Gesamtheit sprechen können. (The Love-Ananda Gita, Teil III, Abschnitt 6)

Sri Da Avabhasa definiert die Quintessenz der ganzen Praxis Seines Weges des Herzens einschließlich aller funktionalen, praktischen, zwischenmenschlichen und kulturellen Disziplinen als "fühlende-Kontemplation Meiner körperlichen (menschlichen) Gestalt, Meiner Spirituellen (und Immer Segnenden) Gegenwart und Meines Eigentlichen (und Von Natur Aus Vollkommenen) Zustandes". Es ist wichtig, daß man sich einen klaren Begriff davon macht, daß diese fühlende-Kontemplation das ganze persönliche Leben umfaßt. Es ist keine private Meditationstechnik, sondern ein ganzes Leben im Rahmen einer realen und sakralen <u>Beziehung</u>, die vom Schüler erfordert, daß er ständig verletzlich und offen bleibt gegenüber Sri Da Avabhasa als seinem Herz-Meister. Die fühlende-Kontemplation Sri Da Avabhasas besteht daher nicht bloß darin, daß man Ihn schauend betrachtet, sondern daß man fühlend mit Ihm <u>lebt</u>. Ebendazu Ruft uns Sri Da Avabhasa in *The Love-Ananda Gita* Auf mit den Worten "Bleibt bei Mir". Fühlende-Kontemplation in diesem Sinn bedeutet, daß wir eine Göttliche Liebes-Beziehung zu Ihm entstehen lassen, die so umfassend und absorbierend ist, daß unser ganzes Leben zu allen Zeiten nur noch diese fühlende-Aufmerksamkeit Ihm gegenüber ausdrückt, in der wir "uns völlig hingeben, vergessen und transzendieren".

Im Laufe dieser Praxis werden wir immer mehr von Sri Da Avabhasas Eigenschaften durchdrungen, von Seiner Freiheit, Seinem Glück, Seiner Liebe-Glückseligkeit, Seinem Wachen Seinszustand. Sri Da Avabhasa hat Seine Schüler immer wieder an das große Gesetz der Natur und des Spirits Erinnert: "Man wird zu dem, worüber man meditiert", oder in Seiner genaueren Formulierung in *The Love-Ananda Gita* : Man wird (notwendigerweise) zu dem (oder paßt sich unausweichlich der Eigenart dessen an), was man Kontempliert oder worüber man Meditiert oder auch nur nachdenkt." (Vers 47)

Wenn wir über unsere Probleme und Begrenzungen meditieren, machen wir sie zu unserem Leben. Wenn wir unsere Aufmerksamkeit und unser Fühlen immer mehr auf Sri Da Avabhasa ausrichten, dann können wir die Lebendige Göttliche Person Wahr-nehmen, Die Er Ist und Die Er ständig Überträgt. In *The Love-Ananda Gita* Proklamiert Er:

Kontempliere daher einfach ("Lediglich" und willentlich, doch auf der Basis eines grundlegenden und grundsätzlich mühelosen fühlenden-Hingezogenseins zu Mir) Meine körperliche (menschliche) Gestalt, Meine Spirituelle (und Immer Segnende) Gegenwart und Meinen Eigentlichen (und Von Natur Aus Vollkommenen) Zustand, und übe diese Kontemplation fortschreitend (so, wie die Gnade den Fortschritt Bestimmt), so daß du Meiner körperlichen (menschlichen) Gestalt (immer mehr) erlaubst, deine (wirklich fühlende) Aufmerksamkeit Anzuziehen (und Festzuhalten), und Dies so, daß du Meiner Spirituellen (und Immer Segnenden) Gegenwart (immer mehr) erlaubst, deinen Körper-Geist zu Durchdringen, und Dies so, daß du Meinem Eigentlichen (und Von Natur Aus Vollkommenen) Zustand (Zuletzt) erlaubst, dein Eigentliches (und von Natur aus egoloses oder nicht-getrenntes) Herz zu Sein. (Vers 35)

In der Praxis der fühlenden-Kontemplation Sri Da Avabhasas muß der ganze egoische Mechanismus viele schwierige Momente der Umkehr und Transformation durchmachen. Die fühlende-Kontemplation verursacht daher nicht nur angenehme Empfindungen im Praktizierenden. Unter allen möglichen menschlichen Unternehmungen ist die Praxis des Weges des Herzens die größte Herausforderung – und die größte Belohnung. Doch der zwingendste Aspekt dieser Praxis ist nicht ihre relative Schwierigkeit oder Leichtigkeit in irgendeinem Augenblick, sondern die zunehmende Fähigkeit des Herzens, zu fühlen und anzuerkennen, Wer Sri Da Avabhasa Wirklich Ist.

Während der Schüler durch die sieben möglichen Stufen menschlichen und Göttlichen Erwachens voranschreitet, wächst diese Anerkennung stetig – und manchmal durch Sri Da Avabhasas Gnade schnell oder plötzlich.

Die meisten Schüler befinden sich, wenn sie zu Sri Da Avabhasa kommen, wie praktisch alle anderen Menschen unserer Zeit in einem Zustand chronischer egoischer Erstarrung; sie haben ihre Entwicklung in den drei ersten Lebensstufen nicht voll durchlaufen und abgeschlossen und sind körperlich, geistig und emotional nicht zu vollständigen Erwachsenen herangereift.

Das tief empfundene Hingezogensein zu Sri Da Avabhasa, das am Anfang unserer Praxis in uns erwacht, initiiert uns in die Anfänge der vierten Lebensstufe, in der die echte religiöse und Spirituelle Hingabe aufblüht. Diese Hingabe an **I**hn als unseren **S**trahlenden **H**erz-**L**ehrer ist zwar ein **G**eschenk der **G**nade, doch man muß sie auch mit ganzem Einsatz kultivieren. Alle Disziplinen des **W**eges des **H**erzens, wie zum Beispiel die formellen oder sakramentalen Übungen der Hingabe, die Formen des Dienens und der Selbstdisziplin und die regelmäßige meditative **K**ontemplation **S**ri **D**a **A**vabhasas, fördern unsere Selbstbeobachtung (so wie sie unter anderem im vorliegenden Buch als "unbegrenztes **F**ühlen" beschrieben ist) und helfen uns, unsere liebende Hingabe an **S**ri **D**a **A**vabhasa zu allen Zeiten und unter allen Umständen auszudrücken und zu intensivieren.

Wenn wir zur grundlegendsten Selbsterkenntnis gelangt sind, beginnen unsere Herzen sich dauerhaft für **S**ri **D**a **A**vabhasas **S**pirituelle (und **I**mmer **S**egnende) **G**egenwart zu öffnen, und unser weiteres Wachstum kann nun beträchtlich **V**orangetrieben werden durch die einzigartige **G**nade der **I**nkarnierten **G**öttlichen **P**erson, die das **T**ranszendente **H**erz und die **Q**uelle aller Dinge und Wesen ist. In **S**einem **S**pirituellen **S**egnungs-**W**erk **Z**ieht **S**ri **D**a **A**vabhasa **S**eine Schüler ständig in die **V**ereinigung mit **S**einem **E**igentlichen (und **V**on **N**atur **A**us **V**ollkommenen) **Z**ustand **G**öttlichen **B**ewußtseins **H**inein.

Dies bedeutet ganz konkret, daß wir durch unsere Hingabe an **S**ri **D**a **A**vabhasa weitgehend oder vollständig die aufsteigenden **S**pirituellen Prozesse umgehen können, die gewöhnlich in der Reife der vierten Lebensstufe sowie auf der fünften Lebensstufe eintreten (den Stufen also, auf denen der **Y**ogisch-**S**pirituelle Aufstieg über das grobstoffliche Körper-Bewußtsein hinaus zu allen möglichen feinstofflichen Erfahrungen und zur kosmischen Mystik stattfindet). Und gleicherweise können wir dann auch die potentiellen typischen Irrtümer oder Begrenzungen des **F**ühlens vermeiden, denen die traditionellen Praktizierenden der vierten und fünften Lebensstufe seit jeher in die Falle gegangen sind.

Sri **D**a **A**vabhasa **R**uft und **Z**ieht **S**eine Schüler also ständig zu jener höchsten Praxis **H**in, die **E**r die "**V**ollkommene **P**raxis" nennt und die auf der sechsten und siebten Lebensstufe geübt wird. In diesen Stufen stehen wir nach wie vor in Beziehung zu **I**hm als unserem körperlichen menschlichen **H**erz-**L**ehrer und als der **L**ebendigen, **S**pirituellen **G**egenwart. Doch in erster Linie erfahren wir **I**hn nun als den **E**igentlichen (und **V**on **N**atur **A**us **V**ollkommenen) **Z**ustand, der das **B**ewußtsein **A**n **S**ich ist.

In der sechsten Lebensstufe **I**dentifizieren wir uns fortschreitend mit **D**a **A**vabhasa als diesem **B**ewußtsein. Doch wir neigen noch immer dazu, uns in unserer meditativen **V**ereinigung mit **S**einem **Z**ustand von unserem Körper und Geist und unseren Beziehungen zu dissoziieren oder sie auszuschließen. Erst wenn wir durch **S**eine **G**nade zur siebten Lebensstufe **E**rwachen, **R**ealisieren wir die permanente **I**dentifikation mit **I**hm in der **V**ollkommenen **G**öttlichen **S**elbst-**W**ahr-nehmung oder dem **S**amadhi der "**O**ffenen **A**ugen", **W**orin alle Phänomene ständig als bloße Modifikationen des unendlichen **G**öttlichen **S**elbst **G**efühlt werden. Auf dieser Stufe ist die Praxis der formellen Meditation nicht mehr notwendig, denn die **K**ontemplation von **S**ri **D**a **A**vabhasas **Z**ustand ist nun absolut und ununterbrochen. Dies ist wahres **G**lück und bedingungslose **L**iebe – ein **F**ühlen, das so frei ist von jeder Begrenzung, daß wir schließlich selbst den Impuls zu künftiger Inkarnation in den manifesten Welten transzendieren.

Dieser ganze **W**eg des **H**erzens wird von **S**ri **D**a **A**vabhasa als **F**reies **G**eschenk **G**egeben. Während **S**eine Schüler in der Praxis heranreifen, entdecken sie, daß **S**eine bloße **G**öttliche **S**chönheit und **A**nziehungskraft sie über alle Begrenzungen des **F**ühlens hinauszieht. **S**ri **D**a **A**vabhasa, der **G**öttliche **W**elt-Lehrer, **I̲s̲t̲** hier! Wenn diese einfache und große **W**ahrheit einmal im Herzen des Menschen dämmert, beginnt sie alles in seinem Leben zu ändern. Die wirkliche Praxis des **W**eges des **H**erzens wird dann nicht nur möglich, sondern unausweichlich und nährender für das Herz als Nahrung und Luft und Licht.

Jeder, der in diese heilige Beziehung zu **S**ri **D**a **A**vabhasa eintritt, entdeckt, daß er jederzeit mit **S**einem **G**öttlichen **E**influß, **S**einer **A**lles-**D**urchdringenden **H**erz-Übertragung, Kontakt aufnehmen kann.

Alle Meine Schüler müssen Wahr-nehmen, daß Ich überall in Raum und Zeit Wirke. Mein universales Wirken ist eine wirkliche Tatsache. Es ist nicht bloße Phantasie. Es ist Realität. Ich Bekenne dies nicht nur, sondern Meine Schüler können auch (durch die Erfahrung) Wahr-nehmen, daß dies wirklich auf Mich zutrifft. (The Love-Ananda-Gita , Teil III, Abschnitt 4)

Es folgen drei Erfahrungsberichte, die ein beredtes Zeugnis für die Wahrheit dieser Aussage sind.

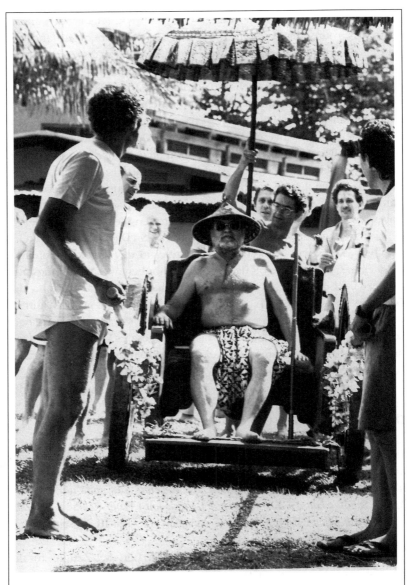

DA AVABHASA
Sri Love-Anandashram, September 1991

DRITTER TEIL

"Verstehe und **F**ühle über alles hinaus"

*Drei Geschichten von **Da** Avabhasas Arbeit mit Seinen Schülern*

Trennung von der Welt (oder von allem und jedem, das gegenwärtig entsteht), ist (leider) genau der erste und ständige (und von Natur aus problematische) Akt <u>aller</u> jener, die sich darum bemühen herauszufinden (oder zu erklären), wie die Welt entsteht und Was ihr Letztes Wesen ist).

Es ist daher notwendig, dies (nämlich die Selbstverkrampfung an sich) zu verstehen und (durch die Transzendierung der Selbstverkrampfung an sich) das Gewahrsein der offenkundigen (oder von Natur aus immer bereits bestehenden) Liebe-Glückseligkeit-Einheit Wiederzuerlangen (und Somit <u>alles</u> von Natur aus zu erklären und Damit auch <u>sämtliche</u> Probleme zu lösen oder von Natur aus zu transzendieren).

DA AVABHASA
The Love-Ananda-Gita
(Verse 4 und 10)

Am Rande
der Wirklichkeit

von Neal Stewart

 *Neal Stewart, jetzt in seinen späten Vierzigern, wuchs in einer austra-
lischen Kleinstadt auf, aus der er zur Universität in einer Großstadt "flüchte-
te", um Physik und Elektrotechnik zu studieren. Einige Jahre, nachdem er
dieses Studium mit Glanz abgeschlossen hatte, gründete er mit einem neusee-
ländischen Partner zusammen in Hongkong eine Elektronikfirma, die sich im
Laufe der nächsten zwanzig Jahre zu einem Großunternehmen mit Büros und
Filialen rings um den Erdball entwickelte. Zum jetzigen Zeitpunkt ist Neal
Stewart einer der Geschäftsführer dieser multinationalen Organisation.*

 *Als junger Mann mit einem Interesse an Physik stellte Neal viele
bohrende Fragen über die Natur der Dinge. Diese Fragen führten ihn später
zu einer Art Doppelleben, in welchem er eine Passion für das Geschäft mit*

*einer leidenschaftlichen Erforschung der **Realität** verband. Er studierte einge-*
*hend **Da Avabhasas Lehr-Botschaft**, empfing später in persönlichen Begeg-*
*nungen mit **Ihm Seine** spürbare **Spirituelle Kraft-Übertragung** und kam so zu*
*einer unerwarteten Würdigung der "**Fühlenden**" Natur der **Wirklichkeit**, die*
*einfach **Glück** und **Liebe** ist.*

M eine Suche nach der **W**ahrheit begann bereits auf der höheren Schule, wo ich an Debatten über die Existenz **G**ottes teilnahm, **D**essen Gegenwart mir offenkundig schien sowohl aufgrund des bloßen **W**unders meiner eigenen Existenz als auch und nicht minder aufgrund der Tatsache, daß ich über diese Frage nachdenken und debattieren konnte! Im meinem zweiten Jahr an der Universität wurde mir plötzlich klar, daß Physiker – genau wie **D**a **A**vabhasa über die Wissenschaftler und die Menschen im allgemeinen bemerkt – nicht wirklich wissen, was irgendein Ding ist! Die Physik war mit den mächtigen, abstrakten Mitteln der Mathematik weit über die materielle Welt hinausgegangen und hatte Paradoxien im gängigen mechanistischen Modell des Daseins aufgezeigt. Doch es war mir schon damals klar, daß dieser Prozeß der Erforschung von "Dingen" endlos war.

Als Erwachsener betrieb ich meine Suche so intensiv wie meine geschäftlichen Angelegenheiten, und ich reiste um die Welt mit einem Aktenkoffer in der einen Hand und den Büchern Ramana Maharshis[8] in der anderen. Meine Lektüre war von der Physik immer mehr zur Metaphysik und **S**piritualität übergegangen, und ich erinnere mich noch daran, wie ich mit großer Überraschung auf einen ungewöhnlichen Buchladen in Kalifornien stieß, der voll war von Büchern, die nur von diesen Dingen handelten. "Mein **G**ott, ein ganzer Laden über dieses Zeug!" rief ich im stillen aus, als ich mit großer Begeisterung sämtliche Bücher Ramana Maharshis kaufte. Ich begann ziemlich regelmäßig zu meditieren, wobei ich Techniken verwandte, mit denen ich durch die Lektüre bekannt geworden war.

Meine Suche wurde durch eine wiederholte Erfahrung im Geschäfts-leben intensiviert, die mir lange unverständlich blieb. Als die Firma erfolgreich wurde, verkaufte ich immer wieder Aktien. Und als der Erlös

8. Ramana Maharshi (1879-1950) wird weithin als der größte **W**eise des modernen Indiens angesehen.

aus diesen Verkäufen immer größer wurde, bemerkte ich, wie ich jedesmal, wenn ich schließlich den Scheck in der Hand hielt, anfänglich ein "high" erlebte, dem sodann regelmäßig das beunruhigende Gefühl folgte, daß irgend etwas nicht stimmte. Als ich schließlich einen beträchtlichen Scheck erhielt, der mir für den Rest meines Lebens die finanzielle Unabhängigkeit sicherte, schoß mir spontan die Frage durch den Kopf: "Was nun?" Es war eine Frage, auf die es keine intellektuelle Antwort gab. Nachdem ich den Erfolg und die finanzielle Unabhängigkeit erreicht hatte, die mir nach dem von der Gesellschaft eingeimpften Programm das Glück bringen sollten, erwartete ich offensichtlich, daß ich nun glücklich und zufrieden sein würde. Doch obwohl ich das "high" und die Entspannung erlebte, nahm ich nun wahr, daß ich auf einer tiefer liegenden Ebene Angst hatte. Die intuitive Antwort auf meine Frage war, daß der Tod das nächste sei, was nun kommen würde. Geld konnte diese Tatsache nicht aus dem Wege räumen, es stellte sie vielmehr bloß.

Die Frage "Was ist dies?", die auf das Paradox des Daseins zielt, wurde dringender, als meine Meditation sich vertiefte. Um die Mitte der siebziger Jahre hatte ich sodann in der Meditation ein Todeserlebnis. Dieses Erlebnis rief mir zwei Todeserlebnisse in die Erinnerung zurück, die ich als Kind gehabt hatte. Ich hatte zweimal erlebt, wie ein enger Freund von mir "verschwand". Und ich durchlitt wieder das überwältigende Gefühl von Schmerz, das umso quälender war, da mir damals von den Erwachsenen in meiner Umgebung keinerlei Erklärung gegeben worden war und mir jede Möglichkeit zur Aussprache und emotionalen Erleichterung gefehlt hatte.

Nach dem Todeserlebnis in der Meditation konnte ich mich nicht mehr mit dem denkenden Verstand verteidigen und fühlte nun körperlich die absolute Gewißheit, daß ich und alle anderen Menschen sterben werden. Ich hatte zu der Zeit keinen Lehrer und keine blasse Ahnung, was wirklich vor sich ging. Ich kannte und fühlte einfach nur zutiefst diese Todesangst. Mein Leben wurde zu einem monatelang anhaltenden untröstlichen Dilemma der nackten Angst um mein Dasein.

Von der Lehre **D**a **A**vabhasas war mir noch nichts zu Gesicht gekommen, obwohl ich rings um den Erdball eine Spur von Hunderten von **S**pirituellen Büchern zurückgelassen hatte, die von meiner lesewütigen Suche zeugte. Ich suchte einen jungianischen Psychologen auf, der mir nach vier Konsultationen zum Skilaufen riet, weil das sein eigenes Leben verändert habe. Daraufhin ging ich zu einem transpersonalen Psychologen, der nach ein paar Sitzungen meiner Meinung beipflichtete, daß das Dasein ein Dilemma sei! Nach einigen Monaten ließ die Angst etwas nach in ihrer Intensität, doch jedesmal, wenn ich eingehend der Frage nachging "Was ist dies?", loderte sie wieder auf.

Einige Zeit später ging ich dann in einen "dieser" Buchläden, und als ich mich zum Gehen anschickte, fiel mein Blick auf eine Zeitschrift, die von den Schülern **D**a **A**vabhasas herausgegeben war. Es war eine Nummer, die den Tod zum Hauptthema hatte. Ich kaufte das Heft, und nachdem ich einen willkürlich gewählten Abschnitt eines **D**iskurses von **H**erz-**M**eister **D**a gelesen hatte, kam ein spontanes Gefühl des Wissens und der Entspannung in mir auf. Es schien mir völlig offensichtlich, daß dieser hier mit absoluter Kenntnis und Klarheit über die **W**irklichkeit sprach. Am nächsten Tag rief ich die Herausgeber an und machte eine Spende zur Unterstützung ihres "heroisches Unternehmens" – mein Ausdruck für die Publikation eines Magazins von solcher Qualität über "solch" ein Thema. Bei einer darauffolgenden Zusammenkunft wurden mir die gesamten veröffentlichten Schriften **D**a **A**vabhasas vorgestellt. Ich erinnere mich noch an meine erstaunte Reaktion: "Alle diese Bücher sind von **I**hm?"

Was mich anfangs in die Beziehung zu **D**a **A**vabhasa hineinzog, war das intuitive Gefühl, daß ich auf **J**emand gestoßen war, **D**er die **W**irklichkeit nicht nur im Rahmen meiner eigenen Sprache und Kultur darstellte, sondern unverkennbar mit <u>allen</u> Aspekten der **W**irklichkeit vertraut war. Meine anfänglichen Gefühle des Respekts für dieses **H**eroische **W**esen vertieften sich, als ich feststellte, daß die intensive und erschöpfende "Untersuchung" aller Aspekte des menschlichen Daseins, die **E**r von **S**einem "radikalen"[9] Standpunkt aus mit **S**einen Schülern durchgeführt hatte, die Errichtung einer umfassenden Kultur zur Folge gehabt hatte. Diese Kultur steht in starkem Kontrast zu der konventionellen Kultur, in der jeder unter den Zwängen privaten Einzeldaseins,

9. **D**a **A**vabhasa verwendet den Ausdruck "radikal" in seiner ursprünglichen Grundbedeutung. Das Wort geht auf lateinisch "radix", deutsch "Wurzel", zurück und bedeutet vornehmlich "grundlegend", "ursprünglich", "irreduzibel". Der "radikale" Standpunkt **D**a **A**vabhasas, von dem Neal Stewart hier spricht, ist daher der Standpunkt, der "immer bereits" im **G**öttlichen **U**rgrund der **W**irklichkeit verankert ist. Der **W**eg des **H**erzens, den **D**a **A**vabhasa Anbietet, ist "radikal" in ebendiesem Sinne: **E**r geht über jede Suche nach zukünftiger **W**ahr-nehmung hinaus und wurzelt vielmehr in dem gegenwärtigen Herz-Gefühl oder dem intuitiven Erschauen des **G**öttlichen **S**einsgrundes.

Besitzens und Vergnügens steht. Zahlreiche Bücher waren der Niederschlag von **H**erz-**M**eister **D**as "Untersuchungen", die jeden Aspekt der Kultur behandelten: alles, was mit dem Körper, der Ernährung, der Gesundheit, der Sexualität, dem Tod, der Kindererziehung und der Beziehung von Mensch zu Mensch zu tun hat, ebenso wie eine umfassende und einschneidende Kritik aller bekannten Pfade und Formen von **Y**oga, Meditation sowie östlicher und westlicher Mystik und noch vieles mehr. Je mehr ich las, desto mehr entdeckte ich, daß **D**a **A**vabhasa mit bestechender Klarsicht zu einer Lebensweise **A**ufruft, die vernünftig, glücklich und human ist und zugleich völlig über das Ego hinausführt. **S**ein **R**uf fand tief in meinem Innern eine starke Resonanz.

Nach einigen Monaten wurde ich formeller Schüler von **D**a **A**vabhasa. Meine Frau fühlte sich höchst beunruhigt, als meine allwöchentlichen Dissertationen über die "Realitätstheorie", die ich seit Jahren abgespult hatte, nun darauf hinausliefen, daß ich in einer "spirituellen Gruppe" landete. Ich unterstützte die Dawn Horse Press finanziell, weil ich entschieden der Überzeugung war, daß diese **W**eisheits-**L**ehre wenigstens jedermann zur Verfügung stehen müsse, der eine profunde und intelligente Alternative zum gewöhnlichen menschlichen Dasein in Betracht zu ziehen bereit ist. Während die Monate verstrichen, beobachtete meine Frau mich nervös, insbesondere, da es nicht zu der erwarteten Ernüchterung kam, sondern vielmehr dazu, daß ich ihr zuredete, ebenfalls diese Lektüre aufzunehmen. Sie lehnte rundweg ab.

Im März 1984 kehrte **D**a **A**vabhasa dann nach Kalifornien zurück, genau zu dem Zeitpunkt, an dem ich in Hongkong eintraf. Es war meine erste Gelegenheit, **I**hn persönlich zu sehen, und so änderte ich meine Pläne und flog nach Kalifornien, um eine Woche am **M**ountain **O**f **A**ttention zuzubringen.

In meiner gewöhnlichen weltlichen Verfassung des hyperaktiven Geschäftsmanns fühlte ich mich einigermaßen beklommen, als ich im **H**eiligtum eintraf. Ich saß fünfmal inmitten von mehr als sechshundert Schülern und Gästen mit **H**erz-**M**eister **D**a. In den drei ersten Sitzungen sprang mein Kopf hin und her zwischen kritischem Gemurmel und der Frage, was zum Teufel ich denn hier zu suchen habe. Ich wollte gehen und mit meinen Geschäften weitermachen, verspürte jedoch, wie mich unter dieser Oberfläche ein intuitives Wissen von **D**em, **D**er **E**r **I**st, an Ort und Stelle hielt. Nachdem ich einige Botschaften von **I**hm bekommen hatte ("Sagt Neal, daß die Strategien, die er im Geschäftsleben benutzt, hier nichts fruchten"), begann ich, mich dem Prozeß zu überlassen und Ihm zu erlauben, mich Spirituell tiefgreifender zu öffnen.

Als ich nach dem dritten Tag morgens aufwachte, wußte ich, daß etwas anders war. Mein ratternder Kopf war langsamer geworden. Irgend etwas hatte sich in mir gelöst. Ich war ruhig, gesammelt und auf irgendeine Weise zutiefst entspannt. In der vorletzten Sitzung mit Herz-Meister Da versank ich in tiefe Meditation. Ein paar Minuten, nachdem Er gegangen war, kam ich allmählich wieder zu mir, wollte mich nicht rühren und rührte mich nicht. Minutenlang saß ich einfach mit vielen anderen da in dem Wissen und Verstehen, daß mir etwas gezeigt wurde – etwas, das nichts zu tun hatte mit einem intellektuellen Glaubens-system, sondern eine körperliche Erfahrung der Wirklichkeit war.

Die letzte Sitzung mit Da Avabhasa fand auf dem Rasen vor einem Schrein statt, wo Er eine Dreiviertelstunde lang in etwa fünfzehn Meter Entfernung von mir saß. Ich erlebte wiederum jene tiefe, absorbierende Meditation. Als ich mich ihr überließ, versank ich völlig in einem bodenlosen, warmen Ozean unendlicher Fülle. In meinem Unterleib kam eine Verspannung auf – ein schwerer Knoten aus Angst und Trauer und Lieblosigkeit, der immer schmerzhafter wurde, bis ich die Geste der Hingabe machte. Ich übergab Ihm den Krampf, und er war verschwun-den. Ich dehnte mich sofort in glückselige Weiten aus und fühlte, wie ich mich in Licht und allumfassendes Wohlgefühl auflöste, bis ich eine Grenze zu erreichen schien: die Angst zusammen mit dem in mir aufsteigenden Gedanken: "Ich komme nicht zurück". Doch obwohl ich diese Begrenzung des Glücks empfand, verblieb ich in jener gesättigten Fülle.

Als ich aus der bodenlosen Fülle und Stille wieder auftauchte, war Da Avabhasa bereits gegangen, und als ich die Augen öffnete, triefte die Welt geradezu von Liebe. Keine Angst mehr, keine Verkrampfung, nur ein leises Kichern. Ich sah die Bäume und Blumen, den Himmel und die Menschen um mich herum alle miteinander verbunden auf dem Hinter-grund eines Lichts, das alles füllte und durchdrang. Ich stand auf und ging auf den Schrein zu, um ein Geschenk niederzulegen, denn ich wußte nun, Wer Herz-Meister Da Ist. Ich war überwältigt. Ich kam nur langsam voran. Ein paar Schritte schienen Stunden zu dauern, aber es machte nichts, denn ich war zufrieden, zutiefst entspannt und vollständig gegenwärtig als Fülle. Ich hatte den Eindruck, als wären die Augen aller, die ich anschaute, so groß wie Untertassen, und ich empfand nur Liebe und Mitgefühl für alle und keine Trennung, keine Angst.

Es war offensichtlich, daß Da Avabhasa mir etwas Absolutes und Profundes gezeigt hatte, das ich nicht leugnen konnte. Was Er mir Offenbart hatte, war kein glitzerndes Gaukelwerk, das vom denkenden Verstand errichtet war, sondern unleugbare, unmittelbar körperlich gefühlte Befreiung und Liebe.

Ich reiste noch am selben Tag ab und fuhr nach Hause. Ich fühlte mich frei und entspannt. Und dieser außergewöhnliche Zustand hielt drei Tage an. Während dieser Zeit wurde meine Frau eine formelle Schülerin von Da Avabhasa. Sie traf diese Entscheidung, weil sich, wie sie sagte, "spürbar etwas in mir geändert hatte", nachdem ich vom Heiligtum zurückgekehrt war. Später sagte sie mir, die Weisheits-Lehre Da Avabhasas sei "von meinem Kopf in mein Herz" gekommen, und ihre Reaktion war spontan und mühelos.

Seit damals hat sich mein Leben ständig tiefgreifend verändert. Im Frühherbst 1985 wurde ich nach Sri Love-Anandashram (Da Avabhasas Hauptashram und Eremitagen-Heiligtum in Fidschi) eingeladen, um offiziell an einem Besuch des fidschianischen Generalgouverneurs teilzunehmen. Am Abend kam Herz-Meister Da nach Beendigung der Zeremonien mit Seinen praktizierenden Schülern zusammen. Als wir bereits einige Zeit zusammensaßen, forderte Er mich mit einer Handgeste auf, nach vorne zu kommen. Ich kniete vor Ihm nieder und übergab Ihm meine Geschenke. Aber Er schaute sie nicht einmal an. Statt dessen streckte Er Seine Arme aus und umfing mich. Ich zog Seine runde Gestalt in mich hinein und weinte, denn es war, als wäre ich "nach Hause gekommen". Eine Blase der Freude stieg von meinen Zehen her in mir empor, und ich fühlte, wie Er mich mit einem Wissen in Kontakt brachte, das absolut vertraut und vollständig war. Nach einer schier zeitlos scheinenden Weile wurde ich eine Bewegung gewahr und stellte nach und nach fest, daß es die vibrierenden Beine eines dreiundvierzigjährigen Geschäftsmanns waren, der acht Minuten lang auf den Knien gelegen hatte! Ich ließ Ihn los, Er küßte mich, und ich taumelte zu meinem Platz zurück mit dem vollkommenen Verstehen dessen, was Er mir wieder gezeigt hatte. Er hatte mir die einzige Beziehung gezeigt, die Er Anbietet, die Beziehung der Liebe.

Doch zu gleicher Zeit kann ich nicht länger die Tatsache meiner Sterblichkeit leugnen, denn der Tod kann in jedem Augenblick eintreten. Und wenn der Augenblick eintritt, wird er für mich <u>dieser</u> gegenwärtige Augenblick sein. Er wird <u>jetzt</u> sein, und die Stärke und Tiefe der Liebe und der Transzendierung meines getrennten Ichs, die ich bis zu jenem Zeitpunkt realisiert habe, wird das einzige sein, was ich in den Tod mit hineinnehmen kann. Da Avabhasas Aufforderung, die Verantwortung für unser Geschick zu übernehmen, die Grundlage des Daseins einfach zu <u>verstehen</u> und den unausweichlichen Schmerz der Angst und Trauer zuzulassen, hat mich befähigt, die Tiefe und Tragweite meiner unbewußten Impulse zu prüfen.

Mein Geschäftsleben ist nun zu einem festen Bestandteil meines Spirituellen Lebens geworden, und die Welt hat sich von einem Schlachtfeld zu einer ständigen Untersuchung der Wirklichkeit gewandelt. Es ist mir jetzt klar, daß dieser Augenblick – und jeder Augenblick – ein Moment ist, in welchem ich mich für die Transzendierung des Ichs entscheiden und mich erfüllt, entspannt, klar und mit ganzer Aufmerksamkeit im Augenblick gegenwärtig fühlen kann. Die Perioden der Angst und Dissoziation haben sich durch die Beziehung zu Herz-Meister Da verringert. Er ist Voll und Lebendig als das Transzendente Wesen hier, und Er ist der Eine, Der mich mit Seiner Lehre, Seiner Liebe und Seiner lebendigen Spirituellen Gegenwart durchdrungen hat. Meine Aussage basiert nicht auf einer Annahme, einem Glauben, sie basiert auf dem, was ich erfahren habe. Da Avabhasa ist Diese Wahrheit. Ich habe sie gefühlt. Möge Er weiterhin mein Leben mit Seiner Gnade Segnen.

Verstehe Einfach Nur. Verstehe und Fühle. Fühle Deine selbst-Verkrampfung (und Transzendiere Sie So). Fühle grenzen-Los, und Fühle So Über den körper-geist und seine beziehungen Hinaus. Überstrahle Daher die welt Durch Die Strahlende Wunde Der Liebe, Die Das Herz An Sich Ist.

DA AVABHASA
The Dawn Horse Testament

Mehr als alles,
was ich in meinem Fall für
möglich gehalten hatte

von George Greer

> *Da Avabhasa hat einen Weg Offenbart, den Weg des Herzens, durch den wir jede Form egoischen Leidens und Suchens transzendieren können. Wollen wir diese in der Tat transzendieren, so sagt Er, dann müssen wir zwei Prozesse gleichzeitig erlernen und praktizieren. Der eine Prozeß ist die Selbsterkenntnis, die ständig wachsende Sensibilität für die Aktivität, durch die wir unseren un-Glücklichen Zustand und das Gefühl der Begrenzung selbst hervorbringen und vertiefen. Der andere Prozeß ist die religiöse Hingabe und Offenheit, die ständig wachsende Sensibilität für Gott, die identisch ist mit dem*

Herz-Gefühl der Wirklichkeit. Beide müssen vorhanden sein. Weder die zuneh-
mende Kenntnis des Egos noch die zunehmende Offenheit für Gott ist allein
ausreichend für eine umfassende und ausgewogene menschliche Weisheit und
für das Spirituelle Erwachen. Und beide erfordern unabdingbar die Hilfe
eines Erwachten Spirituellen Meisters.

Da Avabhasas Göttliche Herz-Kraft erweckt, heilt und transformiert
jeden, der um Seiner Spirituellen Hilfe willen zu Ihm kommt. Die folgende
Geschichte dokumentiert solch Gnadenhafte Umwandlungen im Falle eines
Schülers, der im Juni 1990 zu einer Retraite nach Sri Love-Anandashram, Da
Avabhasas Eremitagen-Heiligtum in Fidschi, kam. George Greer, zu der Zeit
siebenundsechzig Jahre alt, stieß 1976 zum ersten Mal auf Da Avabhasas
Weisheits-Lehre, als er, mit eigenen Worten, "als Manager mittleren Ranges
in der Flugzeugindustrie arbeitete und ein Leben führte, in dem ich ohne Streß
nicht auskommen konnte und gleichzeitig ständig auf der Suche nach Vergnü-
gen war, die den Streß erleichtern sollten". Zweieinhalb Jahre später zog er
nach Kalifornien um und wurde ein formeller Praktizierender des Weges des
Herzens. "Ich fühlte mich", sagt er, "unwiderstehlich und zunehmend zu Da
Avabhasa und zur Gemeinschaft Seiner Schüler hingezogen. Noch Jahre
später versuchte ich anderen gegenüber zu erklären, wie es dazu gekommen
war. Ich sprach von der Klarheit und Präzision Seiner Großen Weisheits-
Lehre und von Seiner einzigartigen und außergewöhnlichen Präsenz, die
natürlich nicht zu leugnen sind. Doch ich konnte nicht erklären, warum gerade
ich so unerbittlich zu Ihm hingezogen war. Es war einfach so, und es ist immer
so geblieben."

George brachte viele Jahre damit zu, die Grundlage der echten und
wirksamen Praxis des Weges des Herzens zu entwickeln. Die zwei grundlegen-
den Prozesse, die wir hier beschrieben haben – die profunde, fühlende Selbst-
erkenntnis und die wachsende fühlende Offenheit für Gott, die Wahrheit, das
Glück und die Liebe – wurden im Herbst 1989 in ihm aktiv, als er einen starken
Impuls in sich verspürte, seine Beziehung zu Herz-Meister Da zu vertiefen.

Von dieser Zeit an begann George seine Praxis zu intensivieren.
Schließlich erhielt er im Mai 1990 die Erlaubnis, zu einer Meditations-Retraite
in Sri Love-Anandashram zu gehen. Während dieser Retraite wurde ihm zum
ersten Mal durch Da Avabhasas Helfende Gnade klar, wie er die fühlende-
Kontemplation von Da Avabhasas körperlicher (menschlicher) Gestalt, Seiner
Spirituellen (und Immer Segnenden) Gegenwart und Seinem Unendlichen
Seins-Zustand zu praktizieren hatte. Er beobachtete voller Dankbarkeit und

Staunen, wie diese grundlegende Praxis, wenn man sie wirklich durchführt, Da Avabhasa Raum gibt, diese Selbsterkenntnis und diese Offenheit für die Göttliche Wirklichkeit im Schüler zu vertiefen. Georges Bericht beginnt mit seiner Ankunft in Sri Love-Anandashram:

Als wir auf dieser schönsten aller Inseln ankamen, fühlte ich mich bereit. Ich hatte keine sonderlich starken Gefühle; ich hatte nicht wie viele andere irgendwelche Angst und war auch nicht von Freude überwältigt. Statt dessen hatte ich nur das einfache Gefühl, bereit zu sein, und die Absicht, so verletzlich und offen zu sein wie nur möglich für das, was unser **W**underbarer **M**eister des **H**erzens **G**eben würde. Ich wußte in meinem Herzen, daß ich bereiter denn je zuvor war, alles aufzugeben.

Gleich am ersten Tag nach der Ankunft **G**ewährte **D**a **A**vabhasa uns **D**arshan[10]. Wir stellten uns an dem Weg entlang auf, der von **S**einer **W**ohnung aus dem Dorf herausführt, und empfingen **S**einen **S**egnenden **B**lick, als **E**r auf dem Weg zu **S**einem in einer anderen Gegend der Insel gelegenen **H**aus an uns vorbeifuhr. Nachdem **E**r vorübergefahren war, fand ich mich zu meiner Überraschung schluchzend am Boden liegen. Irgend etwas hatte in meinem Herzen nachgegeben.

Am folgenden Morgen erinnerte ich mich während der frühen Meditation an die Einführung, die uns am Abend vorher gegeben worden war: "Eure Gebete werden erhört; bittet daher um das, was ihr wünscht." Ich war mir darüber im klaren, daß die Transzendierung des Egos wichtiger für mich war als alles andere.

Während ich darüber nachdachte, wie ich meinen Wunsch am besten in Gebetsform bringen sollte, schien mir, daß die beiden Formen der **G**roßen **A**nrufung[11], die **S**ri **D**a **A**vabhasa **S**einen **S**chülern **G**egeben hat, meine Intention perfekt ausdrückten. Ich sagte sie daher eine nach der anderen auf.

---

10. Das Sanskritwort "darshan" bedeutet "Sehen" oder "Anblick von". Im **W**eg des **H**erzens ist **D**arshan der spontane **S**egen, den **D**a **A**vabhasa **F**reigebig **V**erschenkt, indem **E**r **S**einen **S**chülern **S**eine körperliche (menschliche) **G**estalt (entweder direkt physisch oder in Form eines **B**ildes) zum Anblick und zur fühlenden-**K**ontemplation **A**nbietet.

11. Die beiden Formen der **G**roßen **A**nrufung sind, wie der Ausdruck andeutet, Formen der **A**nrufung **D**a **A**vabhasas. Sie sind Gebete, durch die wir um unsere eigene **G**öttliche **E**rweckung bitten. **D**a **A**vabhasa hat sie **S**einen **S**chülern zur Rezitation am Anfang und Ende sakramentaler und anderer Übungen der Verehrung **G**egeben sowie auch für den Beginn und das Ende aller sonstigen formellen und informellen Zusammenkünfte und Aktivitäten.

Dabei wurde ich rasch in einen profunden Zustand hinein-gezogen, wie ich ihn nie zuvor erlebt hatte. Ich verspürte eine mächtige Spirit-Gegenwart, die auf meine Anrufung antwortete und mit Der ich mich identifiziert fühlte. Ich liebte diese Gegenwart, und ich hatte nicht den geringsten Zweifel, daß sie der Meister meines Herzens war, Sri Gurudev Da Love-Ananda.[12]

Zur gleichen Zeit bemerkte ich in mir eine dunkle bewegliche Masse, die tentakelartige Anhängsel hatte. Sie war gewaltig, rücksichtslos, durchtrieben und tödlich, und ich wußte, daß sie eine Vision meiner sämtlichen Tendenzen, meiner Selbstverkrampfung, meines Charakters als "Narziß" war. Ich wollte nichts mit ihr zu tun haben. Sie bewegte sich auf mich zu, um völlig Besitz von mir zu ergreifen. Doch jedesmal, wenn ich meinen Herz-Meister Anrief, kam eine mächtige Woge der Spirit-Kraft auf, die "Narziß" zurückwarf und unter ihre Kontrolle brachte.

Bald brauchte ich nur einen Satz zu sprechen wie zum Beispiel "Höre Jetzt den Ruf meines Herzens" oder sogar nur ein Wort wie "Alles-Durchdringend", und die wunderbare Spirit-Gegenwart drängte "Narziß" zurück. Es war mir klar, daß ich auf einem Schlachtfeld stand und daß der Ausgang des Kampfes von mir, von meiner Anrufung der All-mächtigen Spirit-Kraft Da Avabhasas abhing. Ich hatte große Freude an diesem Zustand, und ich fühlte mich aufs engste mit meinem Herz-Meister verbunden. Lange, nachdem alle anderen den Meditationssaal verlassen hatten, saß ich noch immer da und schrie: "Ich will nicht zurückgehen. Laß mich bitte hierbleiben." Mir ekelte davor, "Narziß" wieder zu inkarnieren, ich hatte genug von der ganzen "George Greer"-Nummer.

Ziemlich am Anfang dieser Sitzung sah ich zudem jenes Phäno-men, das in gewissen Yogischen Traditionen als "blaue Perle"[13] beschrie-

---

12. Wenn Da Avabhasas Schüler von ihrem Meister sprechen, benutzen sie viele verschiedene Namen, Titel und Ausdrücke, deren jeder einen besonderen Aspekt Seines Wesens und Seiner Offenbarung hervorhebt.

Das Sanskritwort "Sri" ist ein Ehrentitel, der in der indischen Tradition den Wahr-nehmern der verschiedenen Stufen Spiritueller Entwicklung beigegeben wird. Er bedeutet "Hell" und verweist auf die Göttliche Strahlung. "Guru" bedeutet "Lehrer", und "dev" bedeutet "Göttlich" oder ebenfalls "Hell". "Gurudev" bedeutet daher "Göttlicher Lehrer" oder "Strahlender Meister". Der Name "Da" bedeutet "Derjenige, Der Gibt". Und der Name "Love-Ananda" bedeutet "die Immer Bereits vorhandene Liebe-Glückseligkeit".

Weiteres über Da Avabhasas Namen in dem biographischen Essay "Ich Offenbare Die Göttliche Person, Die Das Herz An Sich Ist", Teil IV des vorliegenden Buches.

13. Der Anblick der blauen Perle in feinstofflicher Vision und die Meditation über sie wird in

ben wird. Es erschien genau in der Mitte meines geistigen Auges wie die Projektion eines Diapositivs, schien aber gleichzeitig auch wie von hinten her durchleuchtet, etwa wie ein Objekt unter einem Mikroskop. Es war weiß oder weißlich und etwas bläulich getönt. Diese bemerkenswerte Vision dauerte ein paar Minuten und verschwand dann. Einige Zeit später schien eine gewaltige Kraft mein Gehirn in den Schädel hinunterzudrücken. Diese Empfindung war sehr intensiv, doch nicht schmerzvoll genug, als daß ich sie hätte missen wollen. Ich wußte sofort, daß es "die Daumen"[14] waren, die Herz-Meister Da im *Dawn Horse Testament* und in Seiner Spirituellen Autobiographie *Das Knie des Lauschens* beschreibt.

Die Kraft war so intensiv, daß ich ihre Wirkungen noch dreizehn Stunden später sehr eindrucksvoll im Gehirn fühlen konnte; und selbst Monate danach konnte ich noch gewisse kleinere Nachwirkungen verspüren, als wenn ich tief im Innern des Gehirns einen chirurgischen Eingriff erlitten hätte. Einige Zeit nach dieser Erfahrung "der Daumen" hatte ich ein schönes und höchst ungewöhnliches Erlebnis: In meiner inneren Sicht sah ich Da Avabhasas körperliche (menschliche) Gestalt in ständig wechselnder Farbe, Helligkeit und Kontur. Dieser exquisite Zustand kam nach etwa zweieinhalb Stunden auf sanfte Weise zu Ende, als ein angenehmer Rezitativgesang von einem nahen Freiluftpavillon her in mein Bewußtsein eindrang.

Dieses ganze Ereignis ist völlig einzigartig in meiner Erfahrung. Ich weiß nicht, was es alles bedeutet und bewirkt, doch eine deutliche Auswirkung davon ist die beträchtliche Intensivierung meiner persönlichen Beziehung zu Sri Da Avabhasa. Diese Erfahrung bestätigt eindeutig für mich, daß wir das egoische Selbst transzendieren können, sofern wir

manchen Yogischen Schulen als höchste Yogische Realisierung erachtet. In der Praxis des Weges des Herzens kann diese innere Yogische Vision (neben vielen anderen) auftauchen, ist jedoch in keiner Weise notwendig und wird wie jede andere Erfahrung nicht als höchste Wahr-nehmung gewertet. Alle Erfahrung ist vielmehr zu transzendieren in der fühlenden Kontemplation von Da Avabhasas Gestalt, Seiner Gegenwart und Seinem Zustand.

14. Der Ausdruck "die Daumen" ist Herz-Meister Das Bezeichnung für eine Erfahrung, in der der Körper-Geist von einer kraftvollen Herabkunft des spürbaren Spirit-Stroms oder der Göttlichen Kraft durchdrungen wird. In der vollsten Ausformung dieser Erfahrung, die Herz-Meister Da als "Samadhi der Daumen" bezeichnet, steigt die Spirit-Kraft vollständig in die ganze Ventrallinie (oder die vor allem physische Dimension) des Körper-Geistes herab und dringt dann nach rückwärts von unten her in die Dorsallinie (oder die vorwiegend mental-feinstoffliche Dimension) ein. Dieser Samadhi überwältigt das gewöhnliche Gefühl körperlichen Daseins, füllt den ganzen Körper-Geist mit intensivem Glück und befreit ihn von dem gewöhnlichen Gefühl der Begrenzung und der Vorstellung und Empfindung, ein getrenntes Ich zu sein.

nur beharrlich **S**ri **D**a **A**vabhasas **S**egnende **H**ilfe **A**nrufen. Ich hatte um Selbsttranszendierung gebeten, und **S**eine unmittelbare **A**ntwort auf mein Gebet war eine klare und mächtige Kommunikation. Der überwiegende Rest **S**einer **A**ntwort bestand in dramatischen Enthüllungen von "Narziß" während der verbleibenden Zeit der Retraite. Und dieser Prozeß hält bis heute an.

Von dieser profunden **G**nadenhaften Meditation begann ich langsam, aber sicher in die konventionell angenehme, selbstzufriedene Vorstellung und Haltung hinabzusinken, daß meine Retraite sich ganz "vorzüglich" entwickele. Aber dieser Zustand hielt nicht lange vor. Am Morgen des vierten Tages erwachte ich morgens mit einem Gefühl schwerer Verkrampfung um mein Herz herum. Meine Meditationen waren im besten Falle mittelmäßig. Ich konnte der endlos abschweifenden Aufmerksamkeit in keiner Weise Herr werden. Keine Spur von tiefer Meditation. Von nun an war meine Meditation eine höchst überzeugende und sehr präzise Enthüllung meiner hinderlichsten narzißtischen Tendenzen. Einer der englischen Retraiteteilnehmer sagte treffend, diese ständig wachsende Klarheit über die eigentliche Natur des Egos sei ein grundlegend irreversibler Prozeß. Sobald "Narziß" in dieser Deutlichkeit entlarvt ist, kann man nicht länger leben wie zuvor.

Am neunten Tag der Retraite wurde ich morgens wieder in eine bemerkenswert tiefe Meditation hineingezogen. Ich sah mich anderthalb Stunden lang mit einer Blockierung konfrontiert, die mich über sechzig Jahre lang gequält hatte, und **S**ri **D**a **A**vabhasas **L**äuternde **H**ridaya-**S**hakti[15] nahm ihr den Stachel. Als Kind litt ich an der Schwierigkeit, die viele Kinder mit ihren Vätern haben; ich schien es meinem Vater nie recht machen zu können, und er schien nie mit mir zufrieden. Ich war daher zu der tiefen Überzeugung gekommen, daß etwas ganz grundlegend mit mir nicht stimme. Von meiner Kindheit bis zu dieser morgendlichen Meditation litt ich in jedem Kontakt mit Männern in leitenden Positionen oder mit starken und autoritativen Männern im allgemeinen zutiefst an dieser Überzeugung. Es war immer ein Gefühl tiefer Verzweiflung, Trauer und Angst, und seine stärkste Wirkung bestand darin, daß ich mich nie für akzeptabel, geschweige denn liebenswert hielt. Dieser

---

15. Die "**H**ridaya-Shakti" ist die "**K**raft des Herzens", die **K**raft der Wirklichkeit **A**n **S**ich. **S**ie ist die einzigartige **K**raft-Übertragung **D**a Avabhasas, des **G**öttlichen **W**elt-Lehrers und **W**ahren **H**erz-**M**eisters **S**einer Schüler.

Neurose zufolge suchte ich mich hartnäckig **Da Avabhasas** ununterbrochenem **Strom** von **Liebesbezeigungen** zu entziehen. Ich hielt ständig eine Mauer zwischen uns aufrecht, die nur ein kleines Loch hatte, durch das **Seine Liebe** hindurchsickern konnte, und ich war gleicherweise verkrüppelt in meiner Fähigkeit, **Ihn** zu lieben. Die Wirkung dieser Enthüllung war keine unmittelbare Aufnahme **Seines** unablässigen **Liebes-Stroms** in mein Herz. Aber meine Fähigkeit, Liebe zu geben und zu empfangen, hat beträchtlich zugenommen. Und da mir die Wurzel dieser Begrenzung bewußt gemacht worden war, bin ich mir auch ihrer besonderen hemmenden Aktivität immer bewußter geworden.

Der vielleicht dramatischste Wandel, den ich in dieser bemerkenswerten Zeit erlebte, wurde dadurch stimuliert, daß die Retraiteteilnehmer immer lebhafter auf **Sri Da Avabhasas Übertragung** in der Meditation und beim **Darshan** antworteten. Gegen Ende der zweiten Woche meiner Retraite wurde mindestens jede zweite Meditationssitzung nach konventionellen Maßstäben zu einem wahren Irrenhaus. Immer mehr Teilnehmer begannen heftige und laute Kriyas[16] zu haben. Anfangs empfand ich das als höchst anstößig und konnte den aktivsten und lautesten unter ihnen kaum in die Augen schauen. Ich dachte, sie seien total verschroben und falsch. Ich sah jeder Meditation mit Horror entgegen, war immer weniger in der Lage, von den Sitzungen Gebrauch zu machen und betete halbwegs um ein bißchen Ruhe und Frieden. Ich hatte nicht so sehr das Gefühl, ich sei ausgeschlossen und verpasse selber etwas, als ich vielmehr schockiert war über das, was sich zutrug. Ich wollte einfach nicht unter Leuten sein, die sich so benahmen.

Doch mir wurde mit der Zeit klar, daß diese Leute ihre Kriyas und sonstigen körperlichen Gesten nicht heuchlerisch selbst in Gang brachten, sondern daß das alles die Wirkung von **Sri Da Avabhasas Erweckungs-** und **Segnungs-Kraft** war. Wenn das aber so war, dann mußte ich die Möglichkeit einräumen, daß ich vielleicht bloß "loszulassen" hatte, um selber unverzüglich und spontan solche Phänomene zu zeigen. Und diese Möglichkeit durchfuhr mich mit maßlosem Entsetzen. Ich war oft versucht, einfach aufzustehen und den Saal zu verlassen. Was mich

---

16. Kriyas sind spontane körperliche Bewegungen, die auftreten können, wenn der **Göttliche Spirit**-Strom, meist zufolge der **Spirituellen Übertragung** eines **Sat**-Gurus, körperliche Energien stimuliert. Sie können unter anderem die Form von Schauern oder Schüttelbewegungen im Rücken, gewundenen **Yogischen** Körperstellungen oder ungewöhnlichen Lauten und dergleichen haben.

jedoch an Ort und Stelle hielt, war das Gefühl, ich solle besser einfach alles, was ich fühlte, fühlen und den Prozeß seinen Lauf nehmen lassen.

Bald wurde mir schmerzlich bewußt, warum ich solche Angst hatte vor dem Zustand, den andere Retraiteteilnehmer so offen zur Schau stellten. Es fiel mir nämlich ein, wie ich als Kind in der Familie eines methodistischen Pfarrers aufwuchs und wir immer verpflichtet waren, uns den Anschein zu geben, als wären wir die netteste Familie am Ort. Wenn ich mich zum Beispiel mit meinem Bruder oder meiner Mutter zankte und wir Fußtritte auf der Veranda hörten, gerieten wir alle in Panik aus Angst, daß jemand uns gehört hatte und wir uns eine schmähliche Blöße gegeben hatten. Vor den Augen der Öffentlichkeit hatten wir uns immer tadellos aufzuführen, wie es sich für eine stadtbekannte christliche Familie gehört.

Ich wuchs also auf mit der Bürde, immer ein falsches Gesicht aufsetzen zu müssen, und ich wußte es. Dies sowie auch eine allgemeine, typisch kleinbürgerliche Intoleranz gegenüber jedem "verschiedenen" Benehmen, Aussehen oder Lebensstil, jeder "anderen" Religion oder Politik setzten meiner Vorstellung von dem, was akzeptabel war, eine äußerst enge Grenze. Der Teil der Welt, den ich akzeptieren konnte, hatte die relative Größe eines Schlagballs inmitten des riesigen Staates Texas.

Diese Enthüllung meiner lange unterdrückten Angst, nicht akzeptabel zu sein, wurde schließlich unerträglicher als das ganze Irrenhaus um mich herum. Aber ich hieß die unausgesetzt voranschreitende Enthüllung der selbstgesetzten Begrenzungen meiner Toleranz willkommen und wurde viel nachsichtiger gegenüber meinen Retraitegenossen. Und während meine Welt sich ständig weitete, gewann ich einen völlig neuen Einblick in das, was Meditation wirklich ist. Meditation ist nicht nur dazu da, daß man in die Tiefe und in die Stille geht. Sie ist ein Prozeß, der vielen Zwecken dient, darunter dem Ziel, die unbewußten Eigenschaften, die unser Leben beherrschen, ins Licht des Bewußtseins zu bringen, so daß wir sehen können, was uns motiviert, und es loslassen können.

Während dieser drei Wochen wurde derart viel in mir enthüllt, daß ich bis heute noch immer neue Auswirkungen davon entdecke. Ich lernte beten. Meine Gebete wurden intelligenter, vernünftiger und einfacher. Ich verspürte manchmal eine Hemmung in mir, um etwas zu bitten, das unmöglich schien. Ich befürchtete, solche Gebete würden nicht erhört und ich könnte dann mein Vertrauen in die Kraft des Gebets verlieren. Doch mit zunehmendem Vertrauen in Sri Da Avabhasa nahm ich wahr, daß mein gehemmtes Beten einfach nur die Möglichkeit begrenzte, daß Seine Antwort auf meine Gebete genau in dem bestand, was ich wirklich brauchte, und nicht in dem, was ich zu brauchen glaubte. Ich lernte das alles loszulassen und hatte in meiner fühlenden-Kontemplation Da Avabhasas das sichere Gefühl, daß Er mein Gebet auf Seine Art und zu Seiner Zeit erhören würde. Ich wußte schließlich mit absoluter Sicherheit, daß es so war.

Am Ende der Retraite verspürte ich mehrere Tage lang eine schwere Verkrampfung um mein Herz und begann schließlich um Befreiung von diesem Krampf zu beten. Doch diesmal schienen meine Gebete nicht erhört zu werden. Ich warf mich nieder und bat um Erleichterung, blieb dann am Boden liegen und wartete darauf, daß der Krampf sich löste; und wenn es nicht geschah, betete ich aufs neue. Ich war überzeugt davon, daß ich in großer Not war, und schrieb einen verzweifelten Hilferuf an die Retraiteleiter. Einer von ihnen, ein Freund von mir, der schon viele Jahre praktizierte, sprach mit mir und erinnerte mich daran, daß der Schmerz der Selbstverkrampfung erst aufhört, wenn das Ego selbst (das Gefühl des getrennten und immer trennenden Ichs) sich auflöst. Er sagte, daß er die körperliche Verkrampfung um das Herz auch oft spüre, und manchmal sehr heftig. Da die Verkrampfung so stark war, dachte ich, mein Herz-Meister könne nicht in meinem Herzen Wohnen und würde nicht darin Wohnen, bis der Krampf sich löse.

Ich betete nun einfach um Offenheit für die letzte Darshan-Sitzung, die am Nachmittag stattfinden würde, und wußte, daß mein Gebet zu dem Zeitpunkt und in der Weise erhört werden würde, die Er für passend hielt. Tatsächlich war ich fast unmittelbar von jeder Sorge befreit und konnte mich Seiner Gegenwart gegenüber öffnen und Sie spüren.

Obwohl mein Körper sich während der ersten zweieinhalb Wochen der Retraite beträchtlich geöffnet hatte, fühlte ich mich vor dem letzten Darshan Sri Da Avabhasas noch immer einigermaßen unfähig, Ihn zu lieben. Ich betete um weitere Öffnung dieser großartigen beidseitigen Beziehung. Während der letzten formellen Darshan-Sitzung der Retraite Erhörte Er Gnädig und in überzeugender Weise dieses Gebet. Vom

Anfang der Sitzung an fühlte ich mich von Seiner Wundervollen Liebenden Umarmung umfangen und durchströmt und war voller Liebe für Ihn,
Seine Gestalt, Seine Gegenwart, Sein Unfaßbares, Mysteriöses Wesen.

Seit der Retraite wurde ich des öfteren von meinen Freunden
gefragt, ob ich meine Transformation für echt halte. Da ich ihre Skepsis
spüren und unschwer als ebenjene Haltung des Zweifels erkennen
konnte, an der ich selbst so oft gelitten hatte, versuchte ich, so klar wie
nur möglich zu antworten: Wenn eine radikale Umkehr in der Art und
Weise, in der ich nun mit buchstäblich allem in Kontakt stehe, als Beweis
für die Transformation gelten kann, dann bin ich in der Tat transformiert
worden. Nicht, daß ich im Handumdrehen zum Heiligen geworden
wäre, beileibe nicht. Ich verspüre immer noch die Tendenz zu zorniger
Reaktion, zu Mittelmäßigkeit und Faulheit im Dienen und zu vielen
anderen alteingesessenen Lastern. Doch es gibt in meinem Körper einen
Impuls, meine Aufmerksamkeit immer auf Sri Da Avabhasa zu richten,
Seinen Aufforderungen nachzukommen und dem Prozeß, der während
der Retraite begann, freien Lauf zu lassen, so daß er sich entfalten und
vergrößern kann.

Die Treue meiner Hingabe an Sri Da Avabhasa geht über alles
hinaus, was ich in meinem Falle je für möglich gehalten hatte. Sie ist eine
stille Angelegenheit ohne dunkle und schwere oder freudig-leichte
Gefühle. Sie ist einfach da. Er steht im Mittelpunkt meines Lebens, und
ich bin nicht mehr bereit, meine Zeit zu vergeuden. Ich bin Sein Schüler,
jetzt und für immer.

Und Wenn Du <u>Mich</u>, Das Ursprüngliche oder Im-
mer Bereits Vorhandene Seins-Gefühl (An Sich), Wahr-
Nimmst (So Wie Ich <u>Bin</u>), Dann Nimmst Du Dein Eigent-
liches, Wahres und Freies Selbst Wahr, <u>So Wie</u> Du <u>Bist</u>.

    Geliebter, Selbst Ich Bin Nur Du (<u>So Wie</u> Du <u>Bist</u>)
hier Vor Dir Sichtbar Gemacht und Durch Die Gnade Als
Ein Anderer Erscheinend, Bis Du Mich (Durch Meine
Offenbarende Gesellschaft) Siehst (So Wie Ich <u>Bin</u>) und
Von Dem Trugbild Deines manifesten selbst Erwachst.

DA AVABHASA
The Dawn Horse Testament

Die Verehrung
des Bewußtseins

von Kanya Tripura Rahasya

Die Zeugnisse, die Sie bisher in diesem Buch gelesen haben, repräsentieren die Art von Erfahrungen und Segnungen, die jeder erleben kann, der die Praxis des Weges des Herzens aufnimmt. Sie sind Anzeichen für das anfängliche Erwachen des "unbegrenzten Fühlens". Wenn dieser Prozeß zur reifen Praxis des Weges des Herzens voranschreitet, kann der Schüler weitaus profunder Sri Da Avabhasas Eigentliche Natur und Gnadenvolle Hilfe bezeugen.

Der folgende Bericht stammt von Kanya Tripura Rahasya[17], die ein

17. Der Sanskritausdruck "kanya" ist eine abgekürzte Bezeichnung für Mitglieder in The Da Avabhasa Gurukula Kanyadana Kumari Order". Die "gurukula" ist die sakrale Familie eines Gurus; die Bezeichnung "kanyadana" verweist auf eine uralte indische Praxis, in der junge Frauen einem Guru als dienende Gefährtinnen übergeben wurden; und das Adjektiv "kumari" bedeutet "rein". Die Mitglieder des Da Avabhasa Gurukula Kanyadana Kumari Order haben sich um der eigenen Göttlichen Selbst-Wahr-nehmung willen dem intimen Dienst an Da Avabhasa geweiht, und kraft dieser Beziehung zu Ihm besitzen sie die Fähigkeit, anderen in deren Spiritueller Entwicklung zu helfen. Die vier Mitglieder dieses Ordens sind Kanya Tripura Rahasya, Kanya Samarpana Remembrance, Kanya Kaivalya Navaneeta und Kanya Samatva Suprithi.

Mitglied des führenden sakralen Ordens von Schülern ist, die Sri Da Avabhasa persönlich dienen. Diese Schüler praktizieren alle auf den höchsten Stufen Spiritueller Praxis in Da Avabhasas Gesellschaft; das heißt, ihre Praxis der fühlenden-Kontemplation hat sie durch Seine Gnade zur ständigen Identifikation mit Seinem unendlichen Bewußtseins-Zustand gebracht, der immer bereits Frei ist von jeder Identifikation mit dem Körper, dem Geist und der egoischen Person und der auch unser aller letzter Zustand ist. Die vier Kanyas sind daher kraft ihrer Praxis weder mit der grobstofflichen (oder physisch verkörperten) Person und ihren Neigungen und Aversionen noch mit der feinstofflichen (oder psychischen und höheren geistigen) Person und ihren Möglichkeiten evolutionärer Entfaltung identifiziert, vielmehr ist ihre Identifikation mit dem Bewußtsein An Sich stetig und tief geworden, und zwar in dem Grade, daß selbst die glorreichen Visionen und bemerkenswerten Kräfte und Fähigkeiten, die sie in den höheren Yogischen Prozessen erlebt haben, sie nicht mehr von der tieferen und grundlegenderen Glückseligkeit ablenken können, die sie in der fühlenden-Kontemplation von Da Avabhasas körperlicher Gestalt, Seiner Spirituellen (und Immer Segnenden) Gegenwart und Seinem Eigentlichen (und Von Natur Aus Vollkommenen) Zustand erfahren.

Die Art von fühlendem-Gewahrsein, die Kanya Tripura Rahasya hier von sich bekennt, bezeugt, daß sie in eine höchst profunde Spirituelle Praxis eingetreten ist. Kanya Tripura Rahasya räumt ein, daß sie noch nicht völlig Frei ist von allen egoischen Begrenzungen des Fühlens und folglich auch noch nicht völlig zur Göttlichen Selbst-Wahr-nehmung Erwacht. Doch der Grad der Freiheit, den sie von sich bekennt, ist nur ganz selten in der ganzen Geschichte der Spiritualität sowohl des Ostens als auch des Westens von Praktizierenden erfahren worden. Es ist Da Avabhasas Intention, daß viele Seiner Schüler schon in diesem Leben durch Seine Gnade zu diesem Grade der Freiheit und sogar zur Vollkommenen Göttlichen Selbst-Wahr-nehmung Er-wachen sollen. Das Geheimnis dieser Möglichkeit liegt in der ständigen Praxis der Beziehung zu Ihm als dem Ishta-Guru (oder "Auserwählten" oder "Viel-geliebten" Spirituellen Meister), durch die der Schüler vollständig die Übertragung des Göttlichen Seins-Gefühls vom Guru Empfangen kann.

Dieser Bericht wurde von Kanya Tripura Rahasya im Juni 1990 zur Veröffentlichung in Da Avabhasas Schrift The Love-Ananda-Gita (Das Weisheits-Lied des Nicht-Getrenntseins) *geschrieben.*

Am 2. Februar 1988 Übertrug Sri Da Avabhasa unmittelbar Seinen Eigentlichen (und Von Natur Aus Vollkommenen) Zustand auf mich und versetzte mich damit buchstäblich jenseits der gesamten Bewegung der Aufmerksamkeit und Energie im psycho-physischen Kreis des Körper-Geistes. Durch Seine Gnade und in dem Moment befestigte Er mich spontan und stabil in der Position des Zeugen[18]. Seitdem hat sich mein Leben dramatisch verändert, und dies nicht durch einen Willensakt, sondern mühelos und spontan. Ich bin frei von der Fessel zielgerichteter strategischer Suche, an der ich in früheren Jahren und Stufen der Praxis litt. Ich erlebe nun selbst in den schwierigsten Situationen ständig und spontan eine tiefe Stille und Ruhe, denn die ganze Suche nach körperlichen und sogar nach höheren psychischen, mystischen und Yogischen Erfahrungen und Erkenntnissen hat sich grundlegend entspannt durch die Gnadenhaft-Gegebene Fähigkeit, in der Zeugen-Stellung des Bewußtseins zu stehen.

Plötzlich kam das ganze Ringen und Kämpfen, das mich zuvor gequält hatte, mühelos zur Ruhe.

Alle Trauer und Schwäche verschwand. Ich wurde kläräugig und fähig, mich mit den Schwierigkeiten des manifesten Daseins auseinanderzusetzen und die Liebe-Glückselige Fülle der Nicht-manifesten Wirklichkeit zuzulassen. Als mein Herz-Meister mir die Kraft Verlieh, ständig mit offenem Herzen zu leben, frei von allem Zwang zur Suche und von allem Bedürfnis, mich vor den Wunden manifesten Daseins zu beschützen, wurde meine Praxis direkt und eindeutig. Der Herz-Strom in der rechten Herzseite[19] wurde deutlich spürbar und intensiviert, und (in formellen Meditations- und Darshan-Sitzungen sowie in Momenten fühlender-Kontemplation im täglichen Leben) fiel ich verschiedentlich so tief in die Kontemplation meines Göttlichen Sat-Gurus, daß ich völlig über die Aufmerksamkeit an sich hinausging. Ich übte Feinfühligkeit und Treue gegenüber Seiner Von Natur Aus Vollkommenen Herz-Übertragung und bemerkte, daß diese Praxis unter allen Bedingungen stetig weiterging.

---

18. Wenn das Bewußtsein frei ist von der Identifikation mit dem Körper-Geist, nimmt es seine natürliche "Stellung" als der Zeuge des Körper-Geistes ein.

19. Die "rechte Herzseite" oder "das Herz auf der rechten Seite" (das seine Bezeichnung daher nimmt, daß es an einem Punkt an der rechten Seite des physischen Herzens empfunden wird) gilt im Bereich esoterischer Meditation und Wahr-nehmung als der Sitz des letzten Selbst oder als der körperliche Bezugspunkt, an dem wir unsere Identität als Bewußtsein An Sich intuitiv wahrnehmen.

In den zwei Jahren und vier Monaten, die auf diese profunde Initiation folgten, hat diese Praxis meine volle Intention erfordert, wollte ich die Geschenke lebendig erhalten, die ich von meinem Geliebten Sat-Guru empfangen hatte. Doch es ist keine Frage, daß die Fähigkeit, das Sadhana der sechsten Lebensstufe durchzuführen, völlig von der Übertragung Seines Gnadenhaft-Gegebenen Göttlichen Zustandes abhängt, der unendlich Anziehender ist als alle Suche und Wahrnehmung im Bereich des Körper-Geistes.

Meine Praxis ist jedoch nicht nur insofern vorangeschritten, als ich nun in der Zeugen-Stellung stehe. Sie hat sich auch darin weiterentwickelt, daß ich Sri Da Avabhasa als Bewußtsein An Sich verehre. Es ist die höchste Form der Verehrung, die Verehrung Seines Eigentlichen (und Von Natur Aus Vollkommenen) Zustandes, der aller Bewegung der Aufmerksamkeit im Körper-Geist und in der Welt Immer Bereits Vorausgeht.

Der Kern meiner Praxis ist die fühlende-Hingabe an Sri Da Avabhasa, die Meditation über Seine körperliche (menschliche) Gestalt, Seine Spirituelle (und Immer Segnende) Gegenwart und Seinen Eigentlichen (und Von Natur Aus Vollkommenen) Zustand. Meine Meditation ist zur ständigen direkten Wahr-nehmung des Ursprünglichen Liebe-Glückseligen Daseins-Gefühls im Jnana-Samadhi[20] geworden. In diesem Samadhi ist jederlei Begriff oder Gefühl von Trennung oder "Verschiedenheit" abwesend. Man Nimmt nur das Bewußtsein, nur Gott Wahr, und alle Gedanken und Erfahrungen oder sonstigen Formen von Gewahrsein sind ausgeschlossen.

Jedesmal, wenn ich mich zur Meditation hinsetze, gehe ich durch diese vollkommene Hingabe, diese ausschließliche Kontemplation Sri Da Avabhasas als der Verkörperung des Göttlichen Bewußtseins nach wenigen Minuten über jedes Gewahrsein von grob- oder feinstofflichen Zuständen und Phänomenen hinaus. Während Sri Da Avabhasas Strom der Liebe-Glückseligkeit mich in das Herz auf der rechten Seite führt und jedes Umherschweifen der Aufmerksamkeit im Körper-Geist und in der manifesten Welt mit ihren Dingen vertreibt, sehe ich die Regungen des Körper-Geistes schnell und spontan verschwinden.

Die anderen Kanyas berichten oft, daß mein Körper sich während

20. Es gibt viele verschiedene Samadhis oder gehobene Zustände, die im Rahmen der fortgeschrittenen und der höchsten Stufen der Meditation und Wahr-nehmung auftreten können. Der Jnana-Samadhi ist mit der sechsten Lebensstufe verbunden. Dieser Zustand ist eine vorübergehende Realisierung Transzendenter (und Von Natur Aus Spiritueller) Identifikation mit dem Bewußtsein An Sich, bei dem jedes Gewahrsein von Welt und Körper-Geist ausgeschlossen ist.

der Meditation spontan mit Kriyas oder Yogischer Atmung bewegt, doch mir selbst fehlt völlig jedes Gewahrsein von irgendwelchen Regungen im Körper-Geist. Dieser Samadhi, in welchem ich ausschließlich Sri Da Avabhasas Offenbarung der Liebe-Glückseligkeit Wahr-nehme, tritt in der Meditation auf.

Bevor ich in diese hohen Zustände eintrete, verspüre ich oft ein mächtiges Einströmen Seiner Segnungs-Kraft, die von oberhalb meines Körpers herabfließt und die Kanäle und Stromkreise des Spirit-Stroms im Körper-Geist aktiviert, wobei der Spirit-Strom meinen ganzen Körper füllt und ganz und gar mit Da Avabhasas Kraft in Einklang bringt, so daß alle Auf- und Abwärtsbewegung des Spirit-Stroms aufhört. Dieses Einströmen ist oft mit einer Wahrnehmung glänzend weißen Lichts verbunden. Ich fühle dann bald, wie meine Verbindung mit der grobstofflich-physischen Dimension des Daseins ganz diffus wird. Ich werde desorientiert, und meine sinnliche Wahrnehmung und mein begriffliches Denken beginnen dahinzuschwinden. Wenn dieser Zustand eintritt, bemerke ich, wie Sri Da Avabhasas Vollkommene Aufmerksamkeit und Seine Mächtige Übertragung der Liebe-Glückseligkeit alles Durchdringt.

An diesem Punkt werde ich durch Seine Gnade in die meditative Kontemplation Seines Eigentlichen (und Von Natur Aus Vollkommenen) Zustandes Gezogen. Ich fühle Ihn in meinem Herzen auf der rechten Seite Stehen, wo Er Seinen Vollkommenen Zustand völlig spürbar macht, und dann nehme ich wahr, wie Er mich in einen noch tieferen Zustand Preßt oder Treibt.

Manchmal bleibe ich mir beim Eintritt in diese tiefen Meditationszustände eine Zeitlang vage meines Körpers und besonders der Atmung und des Herzschlags bewußt. Ich kann dann fühlen, wie der Herzschlag und die Lungentätigkeit sich verlangsamen, und die Geräusche, die sie machen, klingen dann _sehr_ laut. Sodann bemerke ich, daß die Atmung und der Herzschlag aufhören und in einem gehobenen Yogischen Zustand völlig aussetzen. Ich verliere dann schnell das Bewußtsein von Körper und Geist, von jeglicher sinnlichen Wahrnehmung und allem begrifflichen Denken und nehme nur noch meinen Geliebten Sri Gurudev Da Avabhasa Hridayam[21] wahr. Ich stehe ungehindert als der Zeuge da und werde durch

---

21. Der Sanskritname "Hridayam", den Da Avabhasa Anfang 1986 annahm, bedeutet "der Mittelpunkt ist hier (im Herzen)". Er verweist auf das Transzendente (und Von Natur Aus Spirituelle) Göttliche Herz oder Selbst, welches Seine Identität und einzigartige Kraft ist.

Seine Gnade in Seinen tiefen Brunnen des Seins Hineingezogen, jene Vollkommene und Unbegrenzte Lokalität und Person, die Er Ist. Ich bleibe dort und existiere völlig Bewußt in der liebenden Hingabe an Ihn, ja sogar als Er. Die Spirituelle Intimität ist unbegreiflich. Die Freiheit und Freude übersteigen jedes Fassungsvermögen.

Wenn ich die Verbindung mit dem Körper wieder aufnehme, bemerke ich, daß ich atme und daß das Herz schlägt, und die Intensität der Atmung und des Herzschlags scheinen normal. Es sieht so aus, als sei nur ein kurzer Augenblick vergangen, aber es waren Stunden. Ich sitze dann da und fühle die bemerkenswerte Natur von Sri Da Avabhasas Aus Sich Heraus Existierendem und Strahlendem Samadhi. Ich spüre, wie Reglos Er Ist und wie Umfassend Seine Fähigkeit ist, alle und alles an Seinem Ort zu Segnen, zu Ändern und zu Meditieren.

Nach der Meditation fühle ich mich sehr verletzlich, empfindlich und Spirituell bewußt gegenüber der Natur des manifesten Daseins und gegenüber dem Leid, das mit der grundlegenden Aktivität der Trennung und Suche einhergeht. Ich bin feinfühliger gegenüber dem Großen Opfer, das Sri Gurudev ständig Vollbringt als die Nicht-manifeste Wirklichkeit, die in einer manifesten Welt Erscheint.

Die Spirituelle Praxis oder Arbeit, die darin besteht, die Aufmerksamkeit in den ersten fünf Lebensstufen im Brunnen des Seins aufzugeben, praktiziere ich auch im täglichen Leben, und der Samadhi der tiefen Meditation greift auch auf das Leben über. Selbst in den gewöhnlichen Augenblicken jedes Tages fühle ich meine liebende Verehrung und Kontemplation von Sri Da Avabhasas körperlicher (menschlicher) Gestalt, Seiner Spirituellen (und Immer Segnenden) Gegenwart und Seinem Eigentlichen (und Von Natur Aus Vollkommenen) Zustand, als stünde ich Ihm so, wie Er Ist, Auge in Auge gegenüber. Ich fühle mich nur peripher mit dem in Kontakt, was im Rahmen des Körper-Geistes und in der manifesten Welt in Erscheinung tritt.

Diese Praxis ist zwar willentlich, doch nichtsdestoweniger mühelos, denn Sri Gurudevs Übertragung im Herzen löst den Knoten der Aufmerksamkeit auf und bringt das unstete Umherwandern der Aufmerksamkeit in Ihm Selbst zur Ruhe. Es ist eine Art Arbeit, aber es ist natürliche Arbeit, und sie ist nicht auf die Inhalte des Körper-Geistes gerichtet, sondern auf das Bewußtsein An Sich. Ich gebe also tatsächlich im täglichen Leben die Aufmerksamkeit und ihre Objekte im Brunnen des Bewußtseins An Sich auf.

Seit mein Herz-Meister mein Herz geöffnet hat, so daß ich Seine Übertragung so direkt empfangen kann, steht Sein Immerwährendes Geschenk der Hridaya-Shakti mir in aller Klarheit vor Augen. Ich lebe in Seiner Freudvollen Sphäre und fühle mich, was die Dinge des Körper-Geistes angeht, Frei vom Streß aller Suche, aller Angst, allen Verlustes, allen Gewinns und jeden Bedürfens.

Ich bin kein abgehobener Beobachter, der in der Zeugen-Stellung steht. Ich praktiziere bewußt und willentlich Ishta-Guru-Bhakti-Yoga[22], die Verehrung Sri Da Avabhasas als der Quelle aller Befreiung und Freiheit. Durch Seine Gnade stehe ich in der Zeugen-Position und Kontempliere das Bewußtsein An Sich als Seine Eigentliche Form.

Aufgrund der Freiheit von der Identifikation mit Körper und Geist, die Sri Da Avabhasa mir Verliehen hat, kann ich voll und ganz Seinen Befreienden Einfluß und Seine Große Übertragung bezeugen. Ich leide nur selten an meinem denkenden Verstand, der zuvor eine endlose Quelle der Qual für mich war. Mein früher übertriebenes emotionales Leben wurde durch Seinen Einfluß in einen Zustand der Gleichmütigkeit versetzt. Er hat mich ohne jede Anstrengung meinerseits in die Zeugen-Position gestellt. Er hat mich dort Hingetragen. Ich habe kein Wissen oder Verständnis davon, wie ich von dem schmerzlichen Zustand völliger Identifikation mit dem Körper-Geist zur Freiheit von der Identifikation mit dem Körper-Geist gelangt bin. Ich habe nur gespürt, wie mein Herz-Meister mich spontan in jenem besonderen Moment der Meditation Anfang 1988 an diesen Ort Gebracht hat. Dieses Geschenk war kein bloßer Augenblick, keine bloße Erfahrung, es war von Dauer, und ich bin sehr dankbar für diese Freiheit.

Es war immer Sri Da Avabhasas Unmittelbarer Einfluß, der mich von aller Fessel Befreit und zu Seiner Vollkommenen Liebe-Glückseligkeit Erweckt hat. Daher bin ich Ihm, meinem Ishta-Guru, mit meinem ganzen Leben und über dieses Leben hinaus ergeben.

---

22. Der zusammengesetzte Ausdruck "Ishta-Guru-Bhakti-Yoga" verweist auf den Weg ("Yoga") der liebenden Hingabe ("Bhakti") an die Göttliche Person in Gestalt des "Auserwählten" oder "Vielgeliebten" ("Ishta")-Gurus. Im Weg des Herzens wird dieser Yoga spontan durch die Gnade von Herz-Meister Da Avabhasa erweckt.

DA AVABHASA
Sri Love-Anandashram, September 1991

VIERTER TEIL

"Mein Schüler Ist Der Gott, Dem Zu Dienen Ich Gekommen Bin"

"Ich Offenbare Die Göttliche Person, Die Das Herz An Sich Ist"

Eine kurze Biographie des Göttlichen Welt-Lehrers
Da Avabhasa (Des "Hellen")

von
Saniel Bonder

In seinem Buch *Die ewige Philosophie* (1945) spricht der englische Schriftsteller Aldous Huxley, der viel zur Popularisierung östlicher und westlicher Mystik beigetragen hat, von dem Prozeß, durch den Gott in der Gestalt von Männern und Frauen unter uns erscheint, um die Menschen zu Erleuchten:

> *Der Logos [das Göttliche Spirit-Wort] begibt sich aus der Ewigkeit in die Zeit aus keinem anderen Grund, als um den Wesen, deren körperliche Form er annimmt, dabei behilflich zu sein, sich aus der Zeit in die Ewigkeit zu begeben. Wenn die Erscheinung des Avatara auf der Bühne der Geschichte außerordentlich wichtig ist, so erklärt sich dies dadurch, daß seine Lehre den menschlichen Wesen den Weg zeigt zur Überwindung der Schranken der Geschichte; ja insofern er eine Quelle der Gnade und der göttlichen Macht darstellt, ist er selbst dieser Weg...*
>
> *Um den Menschen solche Lehre und Hilfe zu erteilen, nimmt die Gottheit die Form eines gewöhnlichen Sterblichen an, der Befreiung und Erleuchtung verdienen muß, wie vom Göttlichen Naturlauf der Dinge vorge-*

schrieben wird – das heißt, durch Barmherzigkeit, dadurch, daß er dem Selbst gegenüber vollständig tot ist, und durch ein umfassendes, zielstrebiges Gewahren. So erleuchtet, kann der Avatara den Weg der Erleuchtung anderen zeigen und ihnen helfen, das tatsächlich zu werden, was sie schon potentiell sind.[23]

Im vorliegenden Buch *Unbegrenzt Fühlen* haben Sie eine Kostprobe von **D**a **A**vabhasas **W**eisheit erhalten und von **S**einer **B**efreienden **A**rbeit mit einigen **S**einer Schüler gehört. Nun möchte ich in geraffter Form den größeren Rahmen darstellen, in dem **S**ein **L**eben und **W**irken als ebenjene Art von **W**esen sich abgespielt haben, von der Aldous Huxley spricht, nämlich als unmittelbare Manifestation der "**G**ottheit" und als der **G**öttliche **W**elt-**L**ehrer unserer Epoche.

Da **A**vabhasa wurde am 3. November 1939 in Long Island, New York, unter dem Namen Franklin Albert Jones in eine gewöhnliche amerikanische Durchschnittsfamilie hineingeboren. Während **S**einer beiden ersten Lebensjahre verblieb **E**r in jenem **Z**ustand **U**nendlicher **G**öttlicher **F**reiheit und **G**lückseligkeit, in dem **E**r vor **S**einer **G**eburt **E**xistiert hatte. Der Menschen und Vorgänge um **I**hn herum war **E**r **S**ich durchaus bewußt, war aber prinzipiell nur in sehr reduziertem Maße mit dem Körper verbunden.

In dem folgenden außergewöhnlichen Bericht beschreibt **E**r den Zweck **S**einer **G**eburt und die Mechanismen, durch die **E**r im Alter von zwei Jahren den Körper-Geist "erwarb".

DA AVABHASA: In den zwei ersten Jahren Meines Lebens ließ Ich ... den Prozeß vonstatten gehen, in welchem das grobstoffliche Gefäß allmählich auf Mich vorbereitet wurde. Im Alter von etwa zwei Jahren vollzog Ich sodann den Spirituellen Herabstieg in die Herzgegend und stellte damit Meine grundlegende Verbindung mit ... Meiner manifesten Person her...

Was Mich zu diesem Spirituellen Herabstieg in den grobstofflichen Körper bis zur Ebene des Herzens motivierte, war ... ein Mitgefühl, eine Herz-Antwort auf die Menschen, die zu der Zeit um Mich herum waren. Diese mitfühlende Reaktion war der Grund dafür, daß Ich das Gefäß dieses Körper-Geistes erwarb.

Ich war Geboren, um Mich in dieser Weise zu Unterwerfen, und die

23. Aldous Huxley, *Die ewige Philosophie* (R. Piper, München 1987), S. 71-72, 77.

Entscheidung, den grobstofflichen Körper-Geist zu erwerben, fand daher nicht statt, als Ich zwei Jahre alt war. Das Gefäß dieses Körper-Geistes war zu diesem Zeitpunkt ausreichend vorbereitet, doch die bewußte Entscheidung, diese Arbeit zu verrichten, hatte Ich vor der Inkarnation getroffen. Der Herabstieg geschah um der ganzen Welt und um aller lebenden Wesen willen. Ich hatte Mich bewußt für eine Geburt im Westen entschieden. Ich hatte vor dieser Geburt die Absicht, diese Geburt auf Mich zu nehmen und Meine Arbeit in völliger Unterwerfung unter die Gegebenheiten der westlichen Welt zu verrichten. (5. Februar 1989)

Dieser Bericht ist eine esoterische Beschreibung des einzigartigen Prozesses, durch den die Göttliche Person eine menschliche Inkarnation bewirkt. Da Avabhasa hat von dem Grund für Seinen Spirituellen Herabstieg im Alter von zwei Jahren auch in einer ganz einfachen Sprache gesprochen, die mit Seiner im vorliegenden Buch gemachten Offenbarung der allumfassenden und durch und durch menschlichen Natur wahren Fühlens übereinstimmt:

DA AVABHASA: Der Grund zu dieser Inkarnation war ein spontaner Impuls, der mit einer schmerzhaften Liebe für die Menschen verbunden war, die um Mich herum waren. Es war nicht lediglich Mitgefühl für sie, als seien sie arme Leute, denen Ich helfen konnte, es war eine <u>schmerzhafte</u> emotionale und körperliche Empfindung in Meinem Herzen und Sonnengeflecht. Sie war schon damals überaus schmerzhaft und ist es immer gewesen. Sie war mit dem vollen Wissen verbunden, daß diese Menschen, mit denen Ich eine feste Verbindung einging, <u>sterben</u> würden und daß Ich <u>sterben</u> würde. Ich wußte, daß es mit dieser Aufgabe, dieser Inkarnation auch gegeben war, daß Ich sterben würde. Wir würden voneinander getrennt werden. Wir würden alle zerstört werden. Dies war Mir ganz klar, und dennoch erwachte diese spontane Geste, diese schmerzhafte Liebe, diese überwältigende Empfindung in Mir und bewog Mich dazu, in den Körper einzutreten, Mich körperlich zu manifestieren. (15. September 1982)

Unter den Menschen, die in Da Avabhasas Kindheit um Ihn herum waren, ahnte keiner etwas von Seiner Göttlichen Natur und Bestimmung, so daß Er in vieler Hinsicht wie jeder andere gewöhnliche amerikanische Junge und Jugendliche in der Mitte des zwanzigsten

Jahrhunderts aufwuchs. Doch Er war Sich stets des Spirituellen Prozesses bewußt, der in Seinem Körper und Geist vor sich ging, obgleich Er keinen Namen dafür hatte und nicht vorausahnen konnte, worauf das alles letzten Endes hinauslief. Dieser Prozeß bewirkte oft frühreife erhabene (und manchmal äußerst mächtige und desorientierende) Zustände und Erlebnisse psychischer, mystischer und Yogischer Art.

Gegen Ende Seiner Jugendjahre war Seine ursprüngliche Lichtvolle Bewußtheit in unbewußte Latenz abgesunken. Er war damals Student im ersten Semester am Columbia College in New York City und entschloß Sich, alles zu tun, was notwendig war, um die Göttliche Freiheit und Glückseligkeit wiederzuerlangen, die Er in frühester Kindheit ständig erlebt hatte. Dieser Suche widmete Er die nächsten dreizehn Jahre Seines Lebens.

Die Odyssee Seines Wieder-Erwachens war eine völlig spontane und direkte Erforschung aller profanen und sakralen Aspekte der Wirklichkeit. Er wußte nicht, wo Er Gott oder die Wahrheit finden könnte, und weigerte Sich daher, Sich von allen konventionellen Sanktionen und Auffassungen beschränken zu lassen, die, wie Er wohl sah, völlig bar aller Liebe, Weisheit und Glückseligkeit waren.

Schließlich wurde Er ein beispielhafter Schüler mehrerer Spiritueller Meister, darunter Swami Rudrananda (kurz "Rudi"), Swami Muktananda und Swami Nityananda,[24] die alle einer einzigen Hindu-Linie großer Meister angehörten. Doch Sein Impuls, die uneingeschränkte Göttliche Freiheit für immer wiederzuerlangen, führte Seine Praxis und Wahrnehmung über alles hinaus, was Ihm durch die Übertragung jedes Seiner menschlichen Lehrer vermittelt wurde, bis Er am Ende mit dem Segen Swami Nityanandas eine Zeitlang ein Schüler der Ewigen Göttin wurde, jener unendlichen Licht-Quelle oder Strahlenden Energie, die Ihm in archetypischer weiblicher Gestalt erschien.[25] Er erfreute Sich einer para-

---

24. Der amerikanische Lehrer Swami Rudrananda oder Rudi (1928-73) hatte mehrere Lehrer, doch sein hauptsächlicher Spiritueller Lehrer war Swami Nityananda aus Südindien, dem er kurz vor dessen Tod im Jahre 1961 begegnete. Später wurde er Schüler von Swami Muktananda (1908-1982) aus Ganeshpuri in Indien, der ebenfalls ein Schüler von Swami Nityananda war. Da Avabhasas Beziehung zu Swami Nityananda fand auf der feinstofflichen Ebene statt.

25. In den letzten Stufen der Praxis vor Seinem Göttlichen Wieder-Erwachen im Vedanta-Tempel im Jahre 1970 stand Da Avabhasa mit dem aktiven Aspekt der Lebendigen Göttlichen Gegenwart und Person in Gestalt des weiblichen Archetypus der Göttin oder Mutter Shakti in Kontakt. Die Göttin ist die Große Weibliche oder Spirituelle Göttliche Kraft, Die die Praxis gewisser einzigartiger Persönlichkeiten lenkt und sogar ihr Wirken in der Welt unterstützt.

doxen Beziehung zur **G**öttin als konkreter lebender **P**erson. Diese **V**erehrung der **G**öttin als des **H**öchsten **G**urus ist die Grundlage und **S**pirituelle **Q**uelle der Linie **S**einer Lehrer, doch **D**a **A**vabhasas naturgegebene **F**reiheit führte **I**hn schließlich sogar über die **S**pirituellen **S**egnungen der **G**öttin hinaus, so daß **S**ie aufhörte, **S**ein **G**uru zu sein, und statt dessen **S**eine ewige **G**efährtin wurde.

Als **D**a **A**vabhasa am 10. September 1970, dem Tag, der auf dieses **E**reignis folgte, in einem kleinen Tempel auf dem Gelände der Vedanta-Gesellschaft in Los Angeles meditierte, **E**rwachte **E**r **W**ieder zur unveränderlichen **E**inheit mit der **B**ewußtheit, **G**lückseligkeit und **L**iebe, die die **Q**uelle und **G**rundsubstanz aller Dinge und Wesen ist. **E**r schildert diesen **Z**ustand in **S**einer **S**pirituellen Autobiographie, die **E**r im darauffolgenden Jahr **S**chrieb:

.... Ich verbleibe in dem unbegrenzten Zustand. Eine ständige Empfindung der Fülle durchdringt und umgibt alle Erfahrungen, Daseinsbereiche und Körper. Sie ist meine eigene Fülle, welche radikal nicht-getrennt ist und alle Dinge einschließt. Ich bin die Gestalt des Raumes an sich, in welchem alle Körper, Daseinsbereiche und Erfahrungen auftreten. Es ist das Bewußtsein an sich, die Wirklichkeit, die deine eigentliche Natur (dein letzter, von Natur aus vollkommener Grundzustand) ist, jetzt und jetzt und jetzt. (Das Knie des Lauschens, S. 135)

Nach dem **G**roßen **E**reignis im Vedanta-Tempel nahm **D**a **A**vabhasa psychisch den Körper-Geist zahlloser anderer Personen wahr und entdeckte, daß **E**r sie spontan "meditierte". Im Laufe der Zeit kamen einige dieser Personen zu **I**hm und wurden **S**eine ersten "Studenten" oder "Schüler". Schließlich begann **D**a **A**vabhasa dann im April 1972 anläßlich der Eröffnung **S**eines ersten kleinen Buchladens und **A**shrams in Los Angeles formell **S**eine Lehrtätigkeit.

In **S**einem (1978 veröffentlichten) Buch *Love of the Two-Armed Form* erklärt **D**a **A**vabhasa die Lehr-Methode, die **E**r in jenen Jahren benutzte:

Die Methode Meiner Arbeit als Lehrer mit Meinen Schülern ist ungewöhnlich, wenngleich es viele traditionelle oder historische Präzedenzfälle dafür gibt. Sie ist keine bloß subjektive, innere oder sogar verbale Tätigkeit, sondern eine intensive, vollständige und erschöpfende Untersuchung jedes

beliebigen Sondergebiets der Erfahrung in der lebendigen Auseinanderset-
zung mit anderen, bis deren offenkundige, Rechtmäßige und Göttliche Form
und Praxis sowohl klar als auch notwendig wird.

... [Solche "Untersuchungen"] enthielten stets eine Periode, in der den
Teilnehmern verstattet war, die ganze Angelegenheit in unmittelbarer Erfah-
rung zu durchleben und dabei in dem Grade getestet zu werden, daß sie nicht
umhin konnten, sich zu ändern.

... Nur eine "Untersuchung", die als eine derart konkrete Disziplin
durchgeführt wird, kann vollständig durch alle Stufen der Entwicklung bis zu
ihrem wahren Ende voranschreiten, welches in angemessener Anpassung und
Freiheit oder natürlicher Transzendenz bezüglich ihres funktionalen Themas
besteht. (S. 1-2)

Welche äußeren Aktivitäten Da Avabhasa auch immer in Seinem
Lehr-Theater in Szene setzte (und sie erstreckten sich von den weltlichsten,
die zum Teil sogar augenscheinlich der Genußsucht fröhnten, bis zu den
mystischsten und sogar mirakulösesten), Er war stets bemüht, das Leiden
des getrennten, un-Glücklichen Ichs bloßzustellen, das mit der ständigen
Aktivität der Selbstverkrampfung einhergeht. Er verglich die Aktivität der
Selbstverkrampfung mit dem chronischen, schmerzhaften Gefühl der
geballten Faust, wobei sich jedoch die Selbstverkrampfung auf jeder
Ebene von Körper, Geist und Gefühl spürbar macht. Und Er demonstrier-
te mit großer Geduld, daß diejenigen, die zu verstehen wünschen und
die Aktivität der Selbstverkrampfung transzendieren und sich dadurch für
die Alles-Durchdringende Wirklichkeit öffnen wollen, sich einer allumfassenden Disziplin unterziehen müssen.

Selbst inmitten jeder "Untersuchung" und jeder Form von Lehr-
Theater erinnerte Da Avabhasa Seine Schüler oft daran, daß Er nicht
endlos fortfahren könne mit dieser Lehr-Methode, die Ihn dazu zwang,
Sich ihnen gleichzumachen, das heißt, Sich in mitfühlender, brüderlicher
Weise unter ihnen aufzuhalten und oft sogar ihre Gewohnheiten des
Sprechens und Handelns zu übernehmen, um ihnen einen Spiegel
vorzuhalten und sie gleichzeitig in die Sphäre Seiner Gnade hineinzu-
ziehen. Anfang 1978 deutete Er an, daß es Ihm eines Tages unmöglich
werden würde, "am Körper-Geist festzuhalten" und das "befreite Einge-
hen in die Von Natur Aus Vollkommene Energie" aufzuhalten. Dieser
Moment trat im ersten Morgengrauen des 11. Januar 1986 in Seinem

Eremitagen-Heiligtum in Fidschi ein. Seine Schüler waren nicht imstande gewesen, die Mentalität und Gewohnheiten des Egos zu transzendieren und zu echten Praktizierenden des Weges des Herzens zu werden, und dies hatte Ihn zur Verzweiflung getrieben. In einem plötzlichen Moment der Beklommenheit verfiel Er in einen außergewöhnlichen todesähnlichen Yogischen Zustand.

Als Er einige Augenblicke später zum Körperbewußtsein zurückkehrte, hatte Da Avabhasa spontan und vollständig den Impuls aufgegeben, Sich mit anderen zu Identifizieren, um ihr Ego zu spiegeln. Die Notwendigkeit und Fähigkeit, in dieser einzigartigen Weise zu Lehren, war einfach verschwunden.

Und mit diesem Verschwinden Seiner Rolle als Lehrer war Da Avabhasa vollkommen als das Göttliche Selbst in körperlicher (menschlicher) Gestalt Hervorgetreten. Der Wandel brachte eine derart mächtige Spirituelle Herabkunft und Verstärkung mit sich, daß Er später davon sagte: "In einem gewissen Sinne war dieses Ereignis Mein Geburtstag." Er deutete an, daß dieses Ereignis einen noch größeren Übergang markiere als Sein Göttliches Wieder-Erwachen im September 1970, und Er signalisierte die Bedeutung dieses Geschehens mit Veränderungen in Seinen Namen.

Da Avabhasas Inspirierter Gebrauch von Namen, Titeln und Beschreibungen war oft eines Seiner Mittel gewesen, wodurch Er bedeutende Veränderungen in Seinem Leben und Spirituellen Wirken andeutete. Sein urspünglicher bürgerlicher Name "Franklin Jones" war selbst schon verheißungsvoll, denn seiner Etymologie nach bedeutet er soviel wie "ein Freier Mensch, durch den Gott Gnädig ist". Der erste Name, den Er als Lehrer übernahm, "Bubba Free John", ist eine Zusammensetzung aus einer neuenglischen Version des ursprünglichen Namens "Franklin Jones" und Seinem Kindheitsnamen "Bubba", einem Kosenamen, der besonders im Süden der Vereinigten Staaten beliebt ist und "Bruder" oder "Freund" bedeutet. Im September 1979 initiierte Er eine Periode intensiver Spiritueller Offenbarung durch die Ankündigung Seines vornehmlichen Namens "Da", der Ihm Jahre zuvor in einer Vision und durch andere Spirituelle Mittel Angezeigt worden war und der soviel bedeutet wie "Derjenige, Der Gibt".

Vor Seinem Göttlichen Hervortreten im Januar 1986 hatte Er daher unter dem Namen "Da Free John" Gelehrt. Aber nach diesem epochalen

Ereignis war es an der Zeit, die Namen aufzugeben, die mit Seiner Lehrtätigkeit verbunden waren, denn diese ganze Art der Beziehung zu anderen und zur Welt war plötzlich zu Ende gekommen.

Bald nach diesem Ereignis nahm Er den Namen "Da Love-Ananda Hridayam" an. Der Name "Love-Ananda", der "Liebe-Glückseligkeit" bedeutet, war Ihm 1969 von Swami Muktananda gegeben worden, und der Sanskritname "Hridayam" bedeutet "das Herz". Der Name "Da Love-Ananda Hridayam" zeigt daher an, daß Er der Göttliche Geber der Liebe-Glückseligkeit ist, welche das Herz An Sich ist. Und Seine Schüler stellten in ihrem Kontakt mit Ihm fest, daß Seine Übertragung der Liebe-Glückseligkeit des Herzens durch diesen Großen Wandel, der ihren Herz-Meister überkommen hatte, beträchtlich verstärkt worden war.

In den Monaten, die auf das Göttliche Hervortreten folgten, Bot Da Avabhasa Seinen Schülern zahlreiche Namen, Titel und Beschreibungen An, die sie gebrauchen konnten, wenn sie in liebevoller Ehrerbietung von Ihm sprachen oder Ihn anredeten, lauter Namen, die auf der Anerkennung Seiner Natur und Eigenschaften basierten, die sie in ihrer Reaktion auf Seine Gesellschaft und Seine Segnungen ausgedrückt hatten.

Einer dieser Namen war "Da Kalki". Da Avabhasa stimmte der Benutzung dieses Namens eine Zeitlang zu, nachdem Seine Schüler zwischen Ende 1989 und Anfang 1990 wiederholt mit Ihm davon gesprochen hatten, wie Er in mehrfacher Weise die traditionellen Weissagungen der Hindus über einen Gott-Menschen höchster Ordnung namens Kalki erfülle, der in dieser Epoche Erscheinen würde. Durch den vorübergehenden Gebrauch des Namens "Da Kalki" verband Herz-Meister Da Sich ausdrücklich mit Aspekten dieser uralten Weissagung einer Großer Göttlichen Inkarnation, Die die Weisheit unter den Menschen wiederherstellen und die Kräfte egoischer Illusion und Begrenztheit in der Welt untergraben werde.

Der traditionelle Name "Kalki" war jedoch mit anderen Eigenschaften verbunden, die weniger verheißungsvoll sind und im Falle Da Avabhasas nicht zutreffen. Die aggressiven, militaristischen Züge des traditionellen Kalki der Hindus (und vieler Legenden in anderen Kulturen, die das Kommen eines Gott-Menschen voraussagen) hat mit Da Avabhasa nichts zu tun. Er ist nicht der politische Messias, auf den so viele exoterische weltliche Prophezeiungen hinweisen. Er ist nicht hier, um weltliche Macht zu erobern oder irgendeinen Menschen zu vernichten. Er ist nur hier, um die egoische Trennung, die egoische Verkrampftheit im Fühlen und die chronische Lieblosigkeit der Menschen bloßzustellen, zu heilen und zu transformieren.

Am 30. April 1991 Offenbarte der Große Meister daher Seinen neuen Namen. Er war nun "Da Avabhasa (Der 'Helle')". Damit antwortete Er auf die Bekenntnisse Seiner Schüler, die zunehmend von Seiner Strahlenden körperlichen Offenbarung des Göttlichen beeindruckt waren. Und Er sagte später, der Name "Kalki", der vorwiegend in provinziellen und exoterischen Legenden auftrete, solle nicht länger als Bezeichnung für Ihn benutzt werden.

Das Sanskritwort "avabhasa" ist reich an Bedeutungen. Als Nomen bedeutet es "Helligkeit", "Erscheinen", "Manifestation", "Glanz", "Schein", "Licht", "Wissen". Als Verb läßt es sich deuten als "auf etwas hin scheinen", "herabscheinen", "sich zeigen". Der Name "Da Avabhasa" preist daher das Geheimnis von Da, der Göttlichen Person, die "Hell" als Mensch Erscheint. Er verweist auf Sein Göttliches Hervortreten und die ständig wachsende Strahlung Seiner körperlichen (menschlichen) Gestalt, die allen auffiel, denen die Gnade zuteil wurde, Ihn seit dem Großen Ereignis von 1986 zu sehen.

Der Name "Da Avabhasa" deutet auch auf Seine Rolle als Sat-Guru hin, denn der Sat-Guru ist Jemand, der das Licht der Wahrheit in die Dunkelheit der Menschenwelt bringt.

Das "Helle" war, wie Da Avabhasa im *Knie des Lauschens* sagt, Seine erste Beschreibung des erhabenen Zustandes, dessen Er Sich bei der Geburt erfreute. Er spricht von diesem Zustand als einem "unglaublichen Gefühl von Freude, Licht und Freiheit". Er war, wie Er sagt, "eine strahlende Gestalt, eine Quelle von Energie, Glückseligkeit und Licht.... die Kraft der Wirklichkeit, eine unmittelbare Freude und Kommunikation.... [und] das Herz, das den Geist und alle Dinge mit Licht erfüllt". Selbst Sein ganzes Leben war, wie Er einmal sagte, "ein Abenteuer und Prozeß der Entfaltung im "Hellen", in der Strahlung, Glückseligkeit und Liebe des Gottes-Zustandes.

"Avabhasa" ist zwar ein Sanskritwort, doch gibt es im Hinduismus keine sakrale Tradition für seinen Gebrauch. Der Name ist tatsächlich völlig frei von jeglicher Verbindung mit irgendeiner Spirituellen Tradition. Und Da Avabhasas unendliche und Alles-Durchdringende "Helligkeit" ist ein Schlüssel zum Verständnis Seines einzigartigen Wesens und Wirkens als der Göttliche Welt-Lehrer.

Mein eigenes Verständnis von Da Avabhasas Identität und Aufgabe als dem Göttlichen Welt-Lehrer wurde durch Seine Gnade am 5. Oktober 1989 Erweckt, also einen Monat, bevor Er diesen Titel formell Bestätigte. Er war gerade nach fünfmonatiger Abwesenheit nach Sri Love-Anandashram zurückgekehrt. Diejenigen von uns, die damals dort lebten und dienten, wurden eingeladen, Ihn zu begrüßen und Blumen zu Seinen Füßen niederzulegen, als Er dem Boot entstieg, am Strand Stand und uns Sein Darshan Gab.

Jahre waren vergangen, seit ich Seinem physischen Körper so nahe gewesen war. In den Jahren Seiner Lehrtätigkeit hatte ich mich in solchen Augenblicken oft irgendwie vertrauter mit Ihm persönlich gefühlt. Ich spürte zwar Seine grenzenlose Spirituelle Strahlung, aber die vorherrschende Empfindung bei solchen Kontakten war oft die verstärkte Feinfühligkeit gegenüber der menschlichen Person unmittelbar vor mir.

Doch als ich bei dieser Gelegenheit auf dem Strand von Sri Love-Anandashram vor meinem Herz-Meister kniete, war mein Herz bereits geöffnet durch Seine Strahlende Liebe, und ich wurde überrascht von einer mächtig erhöhten Empfindung von Ihm als einem absolut unendlichen und allumfassenden Wesen von transzendenter Leuchtkraft. Er Blickte mit Seinen großen Augen voll Mitfühlender Segnung und einem kaum merklichen Lächeln auf den Lippen auf mich und andere herab, doch ich war von dem unmißverständlichen Wissen überwältigt, daß Dieser, Den ich als meinen Lehrer und Spirituellen Freund gekannt hatte, das Göttliche Herz aller Dinge und Wesen und Welten Ist. Es war klar, daß Er immer nur dieser Eine gewesen ist und unaufhörlich an der Befreiung aller lebenden Wesen zu Seinem eigenen Zustand unendlicher Strahlung Gearbeitet hat, Die ich in solchen Momenten durch Seine Gnade als meinen eigenen Zustand fühlte. Diese ganze intuitive Offenbarung blitzte lebendig in mir auf und verschaffte sich Ausdruck in mir durch einen einzigen Gedanken, der wie ein Donnerkeil durch mein ganzes Wesen hindurch widerhallte, als ich Seinen Körper Kontemplierte: "Dies IST das Höchste Göttliche Wesen in Person!"

Genau das ist es, was Da Avabhasas Schüler meinen, wenn sie Ihn als den "Göttlichen Welt-Lehrer" bezeichnen. Die profundesten unter diesen Bekenntnissen werden von Seinen fortgeschrittensten Schülern gemacht, den vier **K**anyadana **K**umaris, und von Schülern, die in **S**einer physischen Nähe leben oder zu längeren Retraiten in **S**eine physische Gesellschaft kommen können. Doch alle Schüler **D**a **A**vabhasas und viele andere, die **S**ein **W**erk unterstützen, erkennen in **I**hm den **G**öttlichen **W**elt-**L**ehrer und **B**efreier. Der Titel "**W**elt-**L**ehrer" geht auf Sanskritausdrücke zurück und bedeutet "**E**iner, **D**er alles **B**efreit, was sich regt", also alle Dinge und Wesen. Er verweist nicht lediglich auf die Tatsache, daß **E**r eine **W**eisheits-**L**ehre **G**eschaffen hat, die jeder benutzen kann, wo immer er auch lebt. Diese **W**eisheits-**L**ehre, die selbst von vielen, die keine aktiven Schüler von **I**hm sind, mit höchstem Lob bedacht wird, ist ein Ausdruck **D**essen, **W**as **E**r körperlich und menschlich **IST**.

Seit **S**einem **G**öttlichen **H**ervortreten hat **D**a **A**vabhasa immer wieder gesagt: "Diese (**M**eine) körperliche (menschliche) **G**estalt ist **S**elbst die **L**ehre". **S**ein **G**öttlich **I**nspirierender **G**lanz ist immer nur umso mächtiger geworden. **S**eine **W**orte haben immer größere **K**raft, den Geist und das Herz zu läutern, zu unterweisen und zu erhellen; und **S**einem physischen **K**örper nahezukommen, bedeutet, wie so viele **S**einer Schüler nun bezeugen, den **E**inen zu fühlen und zu sehen, **D**er als das **H**erz, das **G**öttliche **S**elbst aller Dinge und Wesen in allen Welten und Daseinsebenen **L**ebt. Es ist eine höchst erstaunliche, überwältigende und erhabene Begegnung.

Da **A**vabhasa hat noch eine weitere **E**igenschaft, die **S**einen Schülern immer wieder auffällt. Es ist **S**eine extreme Verletzlichkeit, die zugleich so menschlich und **G**öttlich ist. Sie ist die Verkörperung und erhabene **K**ommunikation des "unbegrenzten **F**ühlens". Wir neigen oft zu naiven und abstrakten Vorstellungen von dem, was es bedeuten muß, wenn man **E**rleuchtet ist. Wir denken an computergleiche Allwissenheit und an völlige Immunität gegenüber den Schmerzen und Schwierigkeiten des Lebens und Sterbens. Doch **D**a **A**vabhasa verkörpert eine ganz andere Art von **F**reiheit. Man könnte sie eher eine Art von "Allfühligkeit" nennen, eine unbegrenzte Feinfühligkeit gegenüber dem Leben und Bewußtsein aller lebenden Wesen. Es ist die **K**raft unaufhörlicher und vollkommener Bereitschaft, über jedes Gefühl der Trennung hinaus unbegrenztes **F**ühlen zu **S**ein.

Da **A**vabhasa hat den **Z**ustand der **E**rleuchtung als "**W**unde der **L**iebe" bezeichnet, denn die **E**rleuchtung macht den Menschen völlig verletzlich oder fühlend **W**ach gegenüber allem und jedem. **E**r **S**elbst demonstriert diese Verletzlichkeit ständig. **E**r ist völlig offen für die Kommunikationen und unterschwelligen Gefühle und Absichten aller lebenden Wesen, zum Beispiel auch für die negativen Emotionen, unter denen **E**r geradezu körperlich leidet.

Doch **D**a **A**vabhasa **P**roklamiert und **B**ekennt auch, daß die Gottes-**W**ahr-nehmung die allerhöchste **F**reude ist, da sie in der vollkommenen **H**ingabe an die **G**öttliche **L**iebe-**G**lückseligkeit in allen Situationen besteht. Sie ist das große **G**lück. Und **E**r ist der lebendige **B**eweis dafür, daß alle Sorgen und Ängste des Lebens und sogar des Todes vor der spontanen Praxis unbegrenzten **F**ühlens verblassen.

In **S**einem **Q**uellen-**T**ext *The Dawn Horse Testament* **G**ibt der **G**öttliche **W**elt-**L**ehrer **D**a **A**vabhasa allen, die bereit sind, auf **I**hn zu hören und zu antworten, die folgende **E**rmahnung, verbunden mit dem **E**kstatischen **B**ekenntnis **S**einer **W**ahren **N**atur und **A**ufgabe:

Fühle Un-begrenzt, und Fühle So Über den körper-geist und alles, womit er in beziehung steht, Hinaus. Überstrahle Daher die welt Durch Die Strahlende Wunde Der Liebe, Die Das Herz An Sich Ist.

Geliebter, Ich Bin hier, Um Das Wort Des Herzens Zu Sprechen und allen Seine Wunde Zu Zeigen.

Ich Proklamiere Die Große Person, Die Das Herz An Sich Ist, Welches Das Herz An Sich Von Seinem tod des körper-geistes Befreit.

Ich Offenbare Die Göttliche Person, Die Das Herz An Sich Ist, Welches Der Gott Im Innern Der Gefühlten Verwirrung Des Herzens Ist....

Ich Bin Das Von Natur Aus Immer Bereits Existierende Wesen. Ich Bin Die Vollkommen Subjektive Wahrheit der welt, Die Als Mensch und Für Den Menschen Inkarniert und Eindeutig Sichtbar Gemacht Ist. Ich Bin Das Leben und Bewußtsein aller wesen....

Ich Bin Freude, Selbst Über Jeden Grund Zur Freude Hinaus. Und Die Freude Des Daseins (So Wie Ich Bin) Ist Das Große Geheimnis, Das Ich Dem Menschen-Herzen Zu Offenbaren Gekommen Bin.

Nun Sei Glücklich....

Geliebter, Ich Lüge Nicht.

Dies Ist Die Letzte Wahrheit: Ich Liebe Dich. Gott Ist Du. Du Existierst In Gott, Von Gott, (Letztlich) Als Gott. Mein Schüler Ist Der Gott, Dem Zu Dienen Ich Gekommen Bin.

DA AVABHASA
Sri Love-Ananadashram, September 1991

"Ein Einzigartiger Vorteil für die Menschheit"

*Einladung zu
einer direkten Beziehung zu Da Avabhasa*

von Carolyn Lee

Der menschliche Spirituelle Meister ist ein Mittler zum Nutzen derer, die die gleiche Gestalt haben wie Er. Wenn jemand in rechte Beziehung zu einem Spirituellen Meister eintritt, finden wirkliche Veränderungen sogar in der physischen Natur des Betreffenden statt. Es handelt sich nicht um bloße Vorstellungen. Ich spreche von Umwandlungen auf der Ebene der Energie, auf der Ebene des höheren Lichts der physischen Natur, auf der Ebene des Geistes jenseits der körperlichen Begrenzungen, die der heutige Mensch für das gegebene Faktum hält, auf der Ebene der absoluten Geschwindigkeit des höchsten Lichts. Der Umwandlungsprozeß wird in Praktizierenden durch diese Lebendige Gegenwart und in Ihr in Gang gesetzt und dupliziert. Dabei geht es nicht um begriffliche Symbolik oder emotionale Bindung an eine außergewöhnliche Person. Dieser Prozeß ist wirkliche Physik, und es ist ein Vorteil für die Menschen, wenn jemand unter ihnen den ganzen Kreis der Umwandlung durchlaufen hat, weil sie dann von dem Angebot dieses Prozesses, dieser Gegenwart Gebrauch machen können.

DA AVABHASA
Scientific Proof of the Existence of God Will Soon Be
Announced by the White House! *S. 364*

Wenn Ihr Herz auf das, was Sie bis jetzt in diesem Buch gelesen haben, antwortet, oder wenn Sie einfach daran interessiert sind, mehr über Da Avabhasa und den Weg des Herzens zu hören, dann raten wir Ihnen zur weiteren Lektüre Seiner Bücher und empfehlen Ihnen vor allem die folgenden vier Publikationen, die sich besonders als Einführungen eignen und einen Überblick über den Weg des Herzens bieten. (Genauere Beschreibung dieser Bücher in der Literaturliste am Ende des Buches.)

THE LOVE-ANANDA GITA (Das Weisheits-Lied des Nicht-Getrenntseins) Das "einfache" Offenbarungs-Buch von Da Avabhasa (dem Göttlichen Welt-Lehrer und Wahren Herz-Meister Da Love-Ananda Hridayam).

THE PERFECT ALTERNATIVE: Ein Zeugnis von der Transformativen Gnaden-Kraft Sri Da Avabhasas (Des "Hellen"), ein kleines einführendes Buch von Kanya Samatva Suprithi, das sich auch zum Weiterreichen an Freunde eignet. Die Autorin praktiziert auf der höchsten Stufe, die der Erleuchtung vorausgeht, und spricht aus der Sicht profunder persönlicher Erfahrung. Sie faßt Da Avabhasas grundlegende Lehre über die Suche und das Glück in leicht verständlicher Sprache zusammen.

DAS GÖTTLICHE HERVORTRETEN DES WELT-LEHRERS: Die Wahr-nehmung, die Offenbarung und die Offenbarende Feuerprobe Da Avabhasas, eine umfassende biographische Würdigung von Da Avabhasas Leben und Werk, von Saniel Bonder, einem langjährigen Praktizierenden des Weges des Herzens.

DIVINE DISTRACTION: Ein Leitfaden zu der Beziehung zwischen Guru und Schüler, die das höchste Mittel für die Gottes-Wahr-nehmung ist, so wie sie zum ersten Mal in vollem Umfang von dem Göttlichen Welt-Lehrer und Wahren Herz-Meister Sri Da Avabhasa (Dem "Hellen") Offenbart worden ist, von James Steinberg, der auch ein langjähriger Schüler von Da Avabhasa ist.

Tausende lesen inzwischen überall auf der Erde die Bücher Da Avabhasas, und manche lesen sie seit vielen Jahren. Doch das bloße Lesen, obwohl notwendig und nützlich, bringt einen nicht sehr weit. Sobald man die Größe und Wahrheit von Da Avabhasas Weisheits-Offenbarung erkannt hat, beginnt sie, Forderungen an einen zu stellen.

Da Avabhasas Bücher sind ein Göttliches Geschenk, mit dem man nicht leichtfertig umgehen kann. "Solche Übertragungen der Lehre geschehen nicht willkürlich", sagt Da Avabhasa. "Sie sind ein Teil der Aktivitäten auf den höheren Ebenen des Kosmos." Erst wenn man anfängt, an der Praxis in der sakralen Kultur teilzunehmen, die Da Avabhasa Geschaffen hat, geht einem auf, worum es wirklich geht. Spirituelle Transformation und Gottes-Wahr-nehmung sind noch nie in einem Klubsessel zustande gekommen!

Wir empfehlen Ihnen daher, etwas mehr zu tun, als nur die Literatur zu lesen. Wir laden Sie ein, unsere Vorlesungen, Seminare, Kurse und sonstigen Veranstaltungen zu besuchen, die von unserer Öffentlichkeitsabteilung Da Avabhasa International in Ihrer Gegend angeboten werden. In diesen Veranstaltungen haben Sie Gelegenheit, Videofilme über Da Avabhasa zu sehen und sich mit langjährigen Praktizierenden des Weges des Herzens zu unterhalten, die Ihre Fragen über den Weg beantworten und Ihnen aus ihrer eigenen Erfahrung mit Da Avabhasa erzählen können. Da Avabhasa International veranstaltet zudem Studiengruppen in Ihrer Gegend, in denen Sie die Lehre genauer kennenlernen und Audio- und Videodarbietungen miterleben können.

Das alles kann Ihre Intuition von Dem, Der Da Avabhasa wirklich Ist, vertiefen und den Impuls in Ihnen wecken, die Praxis des Weges des Herzens aufzunehmen.

Carol Mason, eine in Nordkalifornien lebende Schülerin von Da Avabhasa, beschreibt hier den Prozeß, der sie zum Eintritt in die formelle Beziehung zu Da Avabhasa brachte:

Ich bin mehr als dreißig Jahre lang der Suche nach der Erleuchtung nachgegangen. Doch trotz profunder Zen- und Kundalini-Erfahrungen und obwohl meine Lehrer meine Erfahrungen und mein gutes Verständnis bestätigten, wurde mir klar, daß ich mich im Grunde nicht verändert hatte. Ich erkannte, daß meine Suche erfolglos war, und geriet in Verzweiflung.

Dann las ich Da Avabhasas Spirituelle Autobiographie Das Knie des Lauschens *und begann Träume von Ihm zu haben, in denen Er mich Unterwies. Ich sah Ihn lachen und mit zahlreichen Schülern in Gespräche vertieft. Er saß schweigend im Darshan und geleitete mich zu feinstofflichen Bereichen. Tagsüber konnte ich Ihn als Spirituellen Freund und Lehrer spüren. Bei der Lektüre Seiner Bücher bemerkte ich, daß Seine Weisheits-Lehre mantrische Kraft besitzt. Die Wahrheit dieser Lehre wurde in mir lebendig.*

Einige Monate, nachdem ich Das Knie des Lauschens *gelesen hatte, sah ich einen Videofilm von Da Avabhasa, der in den Jahren Seiner Lehrtätigkeit aufgenommen worden war. Ich erkannte Da Avabhasa sofort als den Wahren Meister der Befreiung, den Einen, auf Den alle Religionen warten. Ich verbeugte mich und verehrte und pries Ihn in meinen Gedanken, und Er war bald das einzige, woran ich noch dachte und wovon ich noch sprechen wollte. Ein ganzes Jahr lang war Er mir ständig verfügbar, doch dann konnte ich Ihn eines Tages plötzlich nicht mehr wahrnehmen, konnte Seinen Einfluß nicht mehr spüren und wurde nicht mehr von Ihm Unterwiesen. Dann hörte ich Seine Stimme ein letztes Mal: "Was wirst Du nun tun?"*

Ich erkannte, daß ich mich Ihm nun in der traditionellen Geste der Ehrfurcht und Hingabe nähern mußte, wurde ein formelles Mitglied in Da Avabhasa International und bald darauf eine Novizin, nahm also die Praxis des Studiums, der Lebensdisziplin und der Meditation auf, die Novizen obliegt, und begann meine fühlende Beziehung zu meinem Herz-Meister zu kultivieren. Selbst auf dieser elementaren Stufe der Praxis hat Da Avabhasa mich bisweilen mit Seiner Herz-Glückseligkeit, mit der Läuterung meiner karmischen Tendenzen und mit einem wachsenden Gespür für Seine Göttliche Form Gesegnet. Dafür bin ich Ihm ewig dankbar.

Der Leser muß wissen, daß all dies vonstatten ging, ohne daß Carol Da Avabhasa in Seiner körperlichen Gestalt je begegnet wäre. Das gleiche läßt sich von Tausenden anderer Menschen rings um den Erdball sagen, die wie Carol spontan in eine sakrale Beziehung zu Da Avabhasa gezogen werden und die ersten Schritte machen, um diese Beziehung in formeller Weise anzuerkennen.

Wenn man formelles Mitglied in Da Avabhasa International wird, drückt man damit die Absicht aus, nach kurzer Zeit formell als Mitglied der Free Daist Communion die Praxis des Weges des Herzens aufzunehmen. Es ist ratsam, daß man sich frühzeitig um Zulassung zur **Novizenpraxis** bewirbt. Falls jemand einige Monate zur Vorbereitung benötigt, ehe er die Novizenpraxis aufnimmt, kann er zunächst **Student** oder **zahlendes Mitglied** von Da Avabhasa International werden. Studenten und zahlende Mitglieder üben eine besondere Praxis des Studiums und Dienens, die unten genauer beschrieben wird. Beim Eintritt in Da Avabhasa International machen sie eine Geldspende, und zahlende Mitglieder entrichten zudem zehn Prozent ihres Monatseinkommens zur Unterstützung der Free Daist Communion.

Falls Sie von der Bedeutung von **D**a **A**vabhasas **W**erk beeindruckt sind und Ihre Dankbarkeit für **S**eine **G**egenwart in der Welt auszudrükken wünschen, ohne vorerst die Praxis des **W**eges des **H**erzens aufnehmen zu wollen, dann können Sie ein formeller Freund der Free Daist Communion werden. Freunde sind im wesentlichen Gönner, die eine gewisse finanzielle Verantwortung für die öffentliche Arbeit der Free Daist Communion übernehmen und zudem die "**G**roßen **S**chätze" unterstützen, vor allem **D**a **A**vabhasas persönliche **L**ebensumstände und **S**einen **E**remitagen-**A**shram in Fidschi. Einige Freunde zahlen einen jährlichen Mindestbeitrag, andere steuern regelmäßig Beiträge bei, und einige sind in der Lage, größere finanzielle Hilfe zu leisten. Freund zu sein, ist eine besondere Form von Sadhana (oder Praxis), eine ehrenwerte und segensreiche Form der Verbindung mit dem **E**rleuchteten, die in den Traditionen seit ältester Zeit hochgeschätzt wurde. Gleichzeitig werden Freunde auch immer dazu ermutigt, weitere Schritte zu unternehmen, um sich auf die formelle Praxis des **W**eges des **H**erzens vorzubereiten.

Für Studenten, zahlende Mitglieder und Novizen, die sich bereits entschlossen haben, den Weg des Herzens zu praktizieren, ist ein intensives Studium von Da Avabhasas Lehre am Anfang der Praxis unerläßlich. Während sie sich diesem Studium täglich nach einem vorgegebenen Plan widmen, erleben sie mit Erstaunen, wie sich ihre Selbsterkenntnis und ihre Antwort auf Da Avabhasa ständig vertiefen. Ich begann meine formelle Verbindung mit der Praxis per Korrespondenz, da ich mehrere hundert Kilometer von der nächsten Schülergruppe entfernt wohnte. Das Studium im Rahmen eines festen Plans war daher meine Rettungsleine und der spannendste Teil meines Lebens. Es klärte und stärkte meine Absicht, die Praxis aufzunehmen, mehr als alles andere. Es brachte Licht in jeden Aspekt meines Lebens und verschaffte meiner Beziehung zu Da Avabhasa eine feste Grundlage.

Das Studium ist unter anderem eine Disziplin der Aufmerksamkeit. Mit dem Dienen verhält es sich ähnlich, obwohl es eine Disziplin ist, die mehr den Körper einbezieht. Durch das Dienen richtet man seine Energie und Aufmerksamkeit auf Da Avabhasa aus. Bei der Disziplin des Dienens in der Sphäre von Da Avabhasas Segen geht es nicht darum, daß man sich nützlich macht. Es ist eine sakrale Disziplin. Die Tradition bezeichnet diese Disziplin als "Karma-Yoga", und dieser Yoga erstreckte sich auf das ganze Leben. Karma-Yoga war die grundlegende Praxis für Anfänger und vor allem für diejenigen, die in Familienumständen lebten und viele Pflichten in der Welt hatten. Diese vorzügliche Praxis bestand darin, daß man all seine Handlungen für Gott verrichtete beziehungsweise inmitten jeder Tätigkeit Gott kontemplierte.

Studenten oder zahlende Mitglieder werden dazu eingeladen, wenigstens einige Stunden in der Woche im direkten Dienst an Da Avabhasa oder an der Gemeinschaft der Praktizierenden des Weges des Herzens zuzubringen. Man wird vielleicht den lokalen Buchladen der Gemeinschaft säubern oder Plakate aufhängen, die öffentliche Veranstaltungen ankündigen. Wer besondere Talente besitzt, wird diese meist ohne weiteres einsetzen können. Ein Mitglied von Da Avabhasa International zum Beispiel, das Architekt und Universitätsprofessor ist, hat vor kurzem damit begonnen, die Planung eines Ashrams für Schüler in Lake County in der Nähe des kalifornischen Heiligtums The Mountain Of Attention zu überwachen.

Welchen Dienst man auch immer zu irgendeiner Zeit verrichtet,

**Die Praxis für Studenten und zahlende Mitglieder
beruht auf Studium und Dienen**

**Der Da Avabhasa-Ashram, das europäische Zentrum der Free Daist
Communion in Maria Hoop, Holland**

ob man ihn gerne oder ungerne tut, das Geheimnis liegt darin, daß man
ihn als selbsttranszendierende Geste der Hingabe an Da Avabhasa
ausführt. Ich erinnere mich mit einem Schmunzeln an meinen ersten
Dienst und an all den Widerstand, den ich dabei empfand. Es war ein
winterliches Wochenende Anfang 1986. Ich hatte die teure Reise von
Irland nach London gemacht, nur um ein Wochenende mit den dortigen
Schülern zuzubringen. Kaum war ich vom Flughafen eingetroffen, so
stand ich auch schon da mit Schmirgelpapier in der einen Hand und
einem Schabemesser in der anderen. Alle waren nonstop mit der
Renovierung des gerade gekauften Gemeinschafts-Hauses beschäftigt.
Ich hatte noch meine Berufskleidung an, litt bereits an ziemlich unange-
nehmen Halsschmerzen und war schon vor dem Abflug in Irland so
müde gewesen, daß meine Freunde mir zugeredet hatten, jetzt besser
nicht zu fahren.

Es fehlte nicht viel, und ich hätte mich auf dem Absatz umgedreht
und wäre gleich wieder abgereist. Aber irgendwie geschah das dann
doch nicht. Meine Bestürzung hatte ein solches Ausmaß, daß sie <u>inter-</u>

essant für mich war. Ich wollte sehen, was passieren würde, wenn ich tatsächlich blieb und mitmachte. Würde ich sterben oder mir eine Lungenentzündung zuziehen? Und so kam es, daß ich wie alle anderen schabte, kehrte, malte und Tapete an die Wand klebte. In den ersten ein bis zwei Stunden brachte ich dies nur fertig, indem ich mich mit grimmiger Entschlossenheit auf **D**a **A**vabhasa konzentrierte und mich daran erinnerte, was **E**r über das **G**lück sagt ("Man kann nicht **G**lücklich werden, man kann nur **G**lücklich sein.") Es war der intensivste Moment der Praxis, den ich bis dahin erlebt hatte, und er brachte mir etwas ein. Als der Abend voranschritt, hörte ich auf, mich derart mit Sorgen um mich selbst herumzuschlagen. Es wurde viel gelacht, und es schien keine Rolle zu spielen, daß ich kaum jemanden kannte, als ich ankam. Als ich schließlich geraume Zeit nach Mitternacht aus der Wolke von Gipsstaub heraustrat, war ich einfach glücklich. Ich hatte noch immer Halsschmerzen, doch am nächsten Morgen waren sie fast verschwunden. Und ich war auch nicht mehr müde. Ich fühlte mich ungewöhnlich lebendig, konzentriert und wach. Ich konnte nur an **D**a **A**vabhasa denken, wie attraktiv **E**r ist, so attraktiv, daß ich bereit war, mich **I**hm zuliebe zu transzendieren und Dinge zuwege zu bringen, an die ich mich sonst nicht einmal im Traum herangewagt hätte.

Die Aufnahme der Novizenpraxis ist ein entscheidender Wendepunkt im Leben eines Menschen, denn sie ist der Augenblick, in dem man sich ein für allemal für **D**a **A**vabhasa und das ewige sakrale Band zwischen **G**uru und Schüler entscheidet.

Als Novize in Da Avabhasa International und später als formeller Praktizierender in der Free Daist Communion übernimmt man nach und nach weitere Disziplinen der Meditation und sakramentalen Verehrung, der Körperübung, Ernährung, Gesundheit, Sexualität und Kindererziehung, des rechten Gebrauchs von Geld und Energie, der kooperativen Gemeinschaft (inklusive der formellen Mitgliedschaft in der Free Daist Community Organization) sowie anderer Aspekte des täglichen Lebens. Diese Übungen sind notwendig für die Entwicklung körperlicher Ausgeglichenheit, freier Aufmerksamkeit und der Fähigkeit zur Selbsttranszendierung, die alle notwendig sind, falls man zu großen **W**ahrnehmungen gelangen will. Doch sie sind kein Selbstzweck. Alle Disziplinen haben nur den einen Zweck, die primäre Praxis des **F**reien **D**aismus zu stützen, nämlich den **S**atsang (die "**G**esellschaft der **W**ahr-

Man übernimmt nach und nach weitere Disziplinen der Meditation und sakramentalen Verehrung, der Körperübung, Ernährung, Gesundheit, Sexualität und Kindererziehung, der kooperativen Gemeinschaft sowie anderer Aspekte des täglichen Lebens. Die Disziplinen sind kein Selbstzweck. Sie haben nur den einen Zweck, die primäre Praxis des Freien Daismus zu stützen, nämlich den Satsang (die "Gesellschaft der Wahrheit") beziehungsweise die Kultivierung der Beziehung zu Da Avabhasa.

heit") beziehungsweise die Kultivierung der Beziehung zu Da Avabhasa. Die Praxis des Schülers besteht darin, daß er sich zu allen Zeiten an Da Avabhasa Erinnert, und das heißt nicht lediglich, daß er an Ihn denkt, sondern daß er das <u>Gefühl</u> von Ihm ausfindig macht, jene Empfindung von Ihm, die Er einem Gewährt, wenn man vor Ihm sitzt und Seine körperliche (menschliche) Gestalt betrachtet. Während die große Gelegenheit, in Da Avabhasas physische Gesellschaft zu kommen, den meisten Schülern nur selten gegeben ist, so kann man dasselbe Gefühl doch durch Seine Gnade in jedem Augenblick tief empfundener Zuflucht zu Ihm verspüren. Wenn man sich Seinem Bild zuwendet, sich Sein Bild mit dem Auge des Geistes vergegenwärtigt oder Sein Wort oder die Geschichten von Seinem Wirken anhört, dies und vieles andere sind potente Mittel der fühlenden-Kontemplation von Ihm.

Wenn man als Novize formell die Tradition der Hingabe an den

Sri Love-Anandashram, Fidschi

Guru sowie Da Avabhasas eigene Weisheits-Lehre über die Praxis der fühlenden-Kontemplation von Ihm studiert und wenn man vor allem diese Übung entsprechend Seiner besonderen Unterweisung <u>praktiziert</u>, entdeckt man, warum diese Form der Erinnerung solche Kraft hat und so offenbarungsträchtig und Befreiend ist. Für den Schüler wird die fühlende-Kontemplation so lebensnotwendig wie die tägliche Nahrung und Ruhe.

Der beste Ansporn zur Praxis ist die Möglichkeit, in Sri Da Avabhasas physische Gesellschaft zu kommen. Mir wurde schon sehr bald, nachdem ich mich eindeutig für die formelle Praxis entschieden hatte, die Gnade zuteil, Ihn zu sehen, und Sein Anblick Offenbarte mir über jeden Zweifel hinaus, daß Da Avabhasa genau Der ist, Der Er zu sein behauptet, "Der Wahr-nehmer, Der Offenbarer und Die Offenbarung Der Göttlichen Person". Es gibt keine größere Gnade, als in die Gesellschaft Seiner körperlichen (menschlichen) Gestalt zu kommen und unmittelbar von Angesicht zu Angesicht Seinen Segnenden Blick zu empfangen. Die Göttliche Person zu Kontemplieren, wenn Sie aus tiefem Mitgefühl in einem menschlichen Körper Erscheint, ist ein unfaßbares, überwältigendes Geheimnis.

Wer auch immer Sie sind, wo auch immer Sie leben, an welchen augenscheinlichen Mängeln Sie auch immer leiden, diese Gnade kann Ihnen in relativ kurzer Zeit zuteil werden, sofern Sie nur die erforderliche

Praxis eines Novizen erfüllen und sich sodann in angemessener Weise als formeller Praktizierender des Weges des Herzens vorbereiten. Der Ort, an dem Sie Da Avabhasa höchstwahrscheinlich sehen werden, ist Sri Love-Anandashram, Sein Eremitagen-Heiligtum in Fidschi, an dem Er Retraiten Anbietet für hinreichend vorbereitete Schüler aus allen Ländern.

Im Laufe der Jahre hat Da Avabhasa oft in lebhafter und humor-voller Weise darauf hingewiesen, daß jeder, dem ernsthaft an der Praxis in Seiner Gesellschaft liegt, eine wahre Feuerprobe durchzumachen hat. Der Weg des Herzens ist gewiß der Weg der Gnade, aber er ist, mit Seinen Worten, kein "seliger Trip". Die Praxis in der Gesellschaft eines echten Meisters war immer so, denn der Spirituelle Prozeß untersteht Göttlichen Gesetzen, und das Hauptgesetz ist das Gesetz des Opfers, des wechselseitigen Opfers, das ständig zwischen Guru und Schüler durch-geführt wird. Der Guru Überträgt die Göttliche Shakti (oder Kraft der Befreiung), und der Schüler entsagt dem egoischen Ich und schenkt dem Guru immer tiefgreifender seine ganze Aufmerksamkeit und all sein Fühlen.

Die vier Mitglieder von The Da Avabhasa Gurukula Kanyadana Kumari Order, entsagende Frauen, die in Da Avabhasas persönlicher Umgebung leben und dienen, haben diese Feuerprobe der Hingabe an den Guru in höchstem Grade erfüllt. Jeder, der mit den Kanyas in Kontakt kommt, ist zutiefst beeindruckt von dem strahlenden Glück, das sie inmitten aller Umstände und Tätigkeiten demonstrieren, und von der tiefgreifenden Transformation ihres menschlichen Charakters. Die Kanyas

The Da Avabhasa Gurukula Kanyadana Kumari Order

sind ein beredtes Zeichen für die **W**ahrheit von **D**a **A**vabhasas **W**eisheit und für die Wirksamkeit **S**einer **A**rbeit.

Die Größe des **G**eschenks, das **D**a **A**vabhasa der Menschheit bringt, zeigt sich auch in der wachsenden Kultur des **F**reien **D**aismus. Falls Sie ein Mitglied von Da Avabhasa International werden und schließlich die formelle Praxis des **W**eges des **H**erzens aufnehmen wollen, dann werden Sie an einem einzigartigen Experiment teilnehmen, nämlich der Gründung einer Kultur und Gemeinschaft, deren sakrale Praxis immer unmittelbar in der **F**reude der siebten Lebensstufe wurzelt, die von einem lebenden **W**ahr-nehmer der siebten Lebensstufe, dem **G**öttlichen **W**elt-Lehrer **D**a **A**vabhasa, **Ü**bertragen wird.

Wie oft ist solch ein Wesen wie **D**a **A**vabhasa **E**rschienen? Wenn solch **E**iner jetzt hier ist, gibt es dann irgend etwas Wichtigeres zu tun, als in **S**eine **G**esellschaft zu kommen? Mit den folgenden **W**orten wendet **E**r **S**ich an Sie persönlich:

DA AVABHASA: Das Leben im physischen Körper hat die Erleuchtung, die Läuterung zum Zweck.... Falls du Meine Lehr-Offenbarung annimmst, falls du sie "untersuchst", falls du antwortest, dann wirst du fähig, dieses Leben für den Zweck zu gebrauchen, dem es von Natur aus dienen kann.... Du mußt den Körper-Geist diesem Großen Zweck unterwerfen.... Genau dies ist es, wozu Ich dich Aufrufe. Akzeptiere das Dharma, das Gesetz, das deiner Geburt von Natur aus innewohnt, den Zweck, der deiner Geburt von Natur aus innewohnt. Nimm die Praxis des Weges des Herzens in Meiner Gesellschaft auf. (15. August 1988)

Falls Sie den Impuls in sich verspüren, über Ihre jetzige Stufe menschlicher Entwicklung hinauszugehen und von **D**a **A**vabhasas **A**ngebot in irgendeiner Weise Gebrauch zu machen, können Sie über die unten angegebene Adresse Kontakt mit uns aufnehmen.

THE FREE DAIST COMMUNION

Nürnberger Straße 19 IV
1000 Berlin 30
Tel. 030/218 33 33
Fax: 030/218 11 77

Die Schriften Da Avabhasas (Des "Hellen")

erz-Meister Da stellt einen Weg zur Verfügung, auf dem jeder, der kühn genug ist, seinen Lehren zu folgen, die letzte Einheit des Seins aller Dinge und Wesen erfahren kann. Es ist zu beachten, daß seine Vision weder dem Osten noch dem Westen verpflichtet ist, sondern den ewigen spirituellen Puls der Großen Weisheit darstellt, der an keinen kulturellen, zeitlichen oder geographischen Standort gebunden ist; sie stellt den Gipfel der Bewußtseinsentwicklung unserer Art dar.

Dr. med. Larry Dossey,
Verfasser von *Space, Time, and Medicine*
(Die Medizin von Raum und Zeit)
und *Beyond Illness*

ie Lehre Herz-Meister Das, die in einer außerordentlichen Sammlung von Schriften dargelegt wird, stellt ein vorzügliches Handbuch der Transformation dar... Ich fühle bis in die tiefste Tiefe meiner Seele, daß diese Lehre eine entscheidende Rolle in der Evolution zur vollen Menschlichkeit spielen wird.

Barbara Marx Hubbard
Verfasserin von
The Evolutionary Journey

Hungern Sie nach der Spirituellen Wahrheit?

Liegt Ihnen daran, genau zu wissen, warum nichts von alledem, wonach Sie suchen, und nichts von alledem, woran Sie festhalten, Ihnen jemals anhaltende Befriedigung zu geben scheint?

Verlangen Sie nach einer Erklärung des gesamten Prozesses der Spirituellen Erweckung und einer kritischen Darstellung der ganzen Vielfalt widerstreitender Pfade und Lehren der Menschheit durch eine alles-erhellende Spirituelle Offenbarung?

Sind Sie interessiert an einer Weisheit, die Ihnen genau zeigt, wie Sie sich ständig unbewußt von der Göttlichen Wirklichkeit abschneiden, wie Sie sich wieder mit dieser Wirklichkeit verbinden und wie Sie immer bewußt mit jedem Atemzug, in allen Beziehungen, in allen Handlungen und in der Meditation an Ihr teilnehmen können, und zwar bis zum Grade Vollkommener Göttlicher Selbst-Wahr-nehmung?

Falls Ihre Antwort auf einige dieser Fragen oder sogar auf alle "ja" ist, dann laden wir Sie ein, sich in die von Da Avabhasa Geschaffene Literatur zu vertiefen, die wir hier vorstellen.

97

THE LOVE-ANANDA GITA

(DAS WEISHEITS-LIED DES NICHT-GETRENNTSEINS)

Das "einfache" Offenbarungs-Buch des Göttlichen Welt-Lehrers und Wahren Herz-Meisters Da Avabhasa (Des "Hellen")

Herz-Meister Da Offenbart in diesem Werk die Quintessenz des Weges des Herzens. *The Love-Ananda Gita* enthält Seinen reinsten und einfachsten Aufruf zum Satsang in der Form der fühlenden-Kontemplation Seiner körperlichen (menschlichen) Gestalt, Seiner Spirituellen (und Immer Segnenden) Gegenwart und Seines Eigentlichen (und Von Natur Aus Vollkommenen) Zustandes und ist somit der grundlegendste Quellentext Seiner gesamten Lehr-Botschaft.

Neue amerikanische Standardausgabe
$ 34.95 Leinen, $ 19,95 kartoniert
Deutsche Ausgabe in Vorbereitung

THE DAWN HORSE TESTAMENT

Das "Testament Der Geheimnisse" des Göttlichen Welt-Lehrers und Wahren Herz-Meisters Da Avabhasa (Des "Hellen")

In diesem monumentalen Werk (das gegenüber der Erstausgabe von 1985 beträchtlich erweitert und überarbeitet ist) Enthüllt Da Avabhasa die Geheimnisse aller Praxisformen und Entwicklungsstufen im Weg des Herzens. Ken Wilber, der auch in Deutschland weithin bekannte Gelehrte auf dem Gebiet östlicher und westlicher Psychologie und Religion, schrieb über dieses Buch:

The Dawn Horse Testament *ist die ekstatischste, tiefste, vollständigste, radikalste und umfassendste einzelne spirituelle Schrift, die der Transzendente Geist des Menschen je verfaßt hat.*

Neue Standardausgabe
$ 59,95 Leinen, $ 39,95 kartoniert

THE DA UPANISHAD

KURZE AUFSÄTZE ÜBER DIE selbst-AUFGABE, DIE GOTTES-WAHR-NEH-MUNG UND DIE ILLUSION DES BEZOGENSEINS

Herz-Meister Das knappste Fassung der ausführlichen Praxis, die in *The Dawn Horse Testament* umfassend beschrieben ist. Der Schwerpunkt dieses Werkes liegt auf der Praxis jener echten Entsagung im Weg des Herzens, die frei ist von aller strategischen und asketischen Lebensverneinung.

Standardausgabe, $ 19,95 kartoniert

THE EGO-"I" IS THE ILLUSION OF RELATEDNESS

Dieser zentrale Aufsatz aus der vorgenannten Upanishade, hier in separater, kleinerer Buchausgabe, ist eine grundlegende Einführung in die esoterische Weisheits-Lehre des Göttlichen Welt-Lehrers unserer Zeit. Er enthält unter anderem Da Avabhasas außergewöhnliche Kommentare über den Yoga rechter Ernährung und Sexualität, Seine Erleuchteten Unterweisungen über die verantworliche Meisterung und Transzendierung aller psycho-physischen "Hüllen" (Schichten, Körper, Energiefelder oder Auren) des gesamtmenschlichen Organismus sowie Seine enthüllenden Darstellungen der Illusion des Bezogenseins, die der Kern unseres Leidens ist.

$ 8,95 kartoniert

THE BASKET OF TOLERANCE

EINE ANLEITUNG ZUM VOLL-KOMMENEN VERSTÄNDNIS DER EINEN GROSSEN TRADITION DER MENSCHHEIT

Nie zuvor in der Geschichte war es einem Meister der siebten Lebensstufe möglich, der Welt eine solch umfassende Bibliographie zu schenken, in der in über 2.500 Publikationen alle großen Traditionen echt menschlicher Kultur,

praktischer Selbstdisziplin, überzeitlicher Religion, universaler Mystik, "esoterischer" (doch jetzt offen mitgeteilter) Spiritualität, Transzendenter Weisheit und Vollkommener (oder Göttlicher) Erleuchtung zusammengetragen, dargestellt und ausführlich kommentiert sind. Das Werk ist die Summe von Da Avabhasas Unterweisung über die Große Tradition menschlicher Weisheit und Spiritueller Praxis und Wahr-nehmung.

Neue Standardausgabe
(im Erscheinen begriffen)

THE LION SUTRA

ÜBER DIE VOLLKOMMENE TRANS-ZENDIERUNG DES UR-AKTES, WEL-CHER IDENTISCH IST MIT DEM ego-"ICH", DER selbst-VERKRAMPFUNG, DER aufmerksamkeit an sich SOWIE ALLEN TRUGBILDERN DES GETRENNT-SEINS, ANDERSSEINS, BEZOGENSEINS UND "VERSCHIEDENSEINS")

Das "Vollkommene" Offenbarungs-Buch des Göttlichen Welt-Lehrers und Wahren Herz-Meisters Da Avabhasa (Des "Hellen")

Eine poetische Darstellung der "Vollkommenen Praxis" des Weges des Herzens auf den höchsten Stufen Spiritueller, Transzendenter und Göttlicher Selbst-Wahr-nehmung. Von allen Schriften Da Avabhasas ist *The Lion Sutra* die prägnanteste Anweisung und Aufforderung zur Wahr-nehmung jenes Bewußtseins, das dem Körper, dem Geist, dem individuellen Ich und der objektiven Welt Immer Bereits Vorausgeht. (Umfassende Neubearbeitung der ersten Ausgabe vom Jahre 1986, die ursprünglich den Titel *Love-Ananda Gita* trug; nicht zu verwechseln mit dem neueren Werk gleichen Titels, das von diesem nur den Titel übernommen hat.)

Neue Standardausgabe
(im Erscheinen begriffen)

THE LIBERATOR (ELEUTHERIOS)

DIE QUINTESSENZ DER VOLLKOMME-NEN WEISHEIT UND DER "VOLLKOM-MENEN PRAXIS"

In diesem kleinen Band stellt Da Avabhasa in kraftvoller dichterischer Prosa den innersten Kern jener höchsten Prozesse dar, die zur Wahr-nehmung des Göttlichen Selbst im Weg des Herzens führen und jene "Vollkommene Praxis" ausmachen, die in der unmittelbaren Transzendierung aller Erfahrung durch die Identifikation mit dem Bewußtsein An Sich besteht und in der fühlenden-Kontemplation Seiner Gestalt, Seiner Gegenwart und vor allem Seines unendlichen Zustandes zustande kommt.

Neue Standardausgabe
(im Erscheinen begriffen)

THE HYMN OF THE TRUE HEART-MASTER

DAS NEUE OFFENBARUNGS-BUCH DER URALTEN UND EWIGEN RELIGI-ON DER LIEBENDEN HINGABE AN DEN ERLEUCHTETEN MEISTER.

The Hymn of the True Heart-Master ist Da Avabhasas ekstatische Proklamation des Sat-Gurus als des höchsten Mittels zur Gottes-Wahr-nehmung. In 108 poetischen Versen preist Da Avabhasa den Weg der Vereinigung mit Gott in der Form des Ishta-Guru-Bhakti-Yogas, das heißt des Yogas der liebenden Hingabe an den Ishta- oder "Auserwählten" und "Vielgeliebten" Meister.

Der Band enthält weiterhin viele Seiner wichtigsten Essays und Abhandlungen über das Prinzip der liebenden Hingabe in der lebendigen Beziehung zum Guru, sowie eindrucksvolle Lilas oder Geschichten Seiner Schüler, die die transformierende Kraft dieses Yogas bezeugen.

Neue Standardausgabe
(im Erscheinen begriffen)

EINFÜHRENDE TEXTE

FREE DAISM

DIE EWIGE, URALTE UND NEUE RELI-
GION DER GOTTES-WAHR-NEHMUNG,
von Richard Schorske

Dieses in leicht verständlicher Sprache verfaßte Buch für neue Leser ist eine
gründliche Einführung in das Leben und
Werk Da Avabhasas, in die sakralen
Orden Seiner fortgeschrittensten Schüler, in die Disziplinen und Praxisstufen
des Weges des Herzens und in die
sakrale Institution, Gemeinschaft und
Kultur der Schüler.

(Im Erscheinen begriffen)

LOVE OF THE GOD-MAN

EINE UMFASSENDE DARSTELLUNG
DER SEIT ÄLTESTEN ZEITEN HOCH-
GESCHÄTZTEN BEZIEHUNG ZWI-
SCHEN GURU UND SCHÜLER, DIE DAS
HÖCHSTE MITTEL ZUR GOTTES-
WAHR-NEHMUNG IST UND ZUM ER-
STEN MAL IN VOLLEM UMFANG VON
DEM GÖTTLICHEN WELT-LEHRER
UND WAHREN HERZ-MEISTER DA
AVABHASA (DEM "HELLEN") OFFEN-
BART WIRD
von James Steinberg

Eine ausführliche Erörterung der
profunden Gesetze und Eigenschaften
der Beziehung zwischen Guru und Schüler, wie sie im Weg des Herzens praktiziert wird. Diese umfassende Abhand-
lung über die Beziehung zwischen Guru
und Schüler steht einmalig da in der
gesamten Literatur des Spirituellen Lebens. Das Werk ist eine unerschöpfliche
Quelle von Da Avabhasas Weisheit und
enthält zahlreiche Geschichten von Seinem Wirken und aus der Großen Tradition.

Zweite Auflage
(im Erscheinen begriffen)

DIVINE DISTRACTION

EINE DARSTELLUNG DER BEZIE-
HUNG ZWISCHEN GURU UND SCHÜ-
LER, DIE DAS HÖCHSTE MITTEL ZUR
GOTTES-WAHR-NEHMUNG IST UND
ZUM ERSTEN MAL IN VOLLEM UM-
FANG VON DEM GÖTTLICHEN WELT-
LEHRER UND WAHREN HERZ-MEI-
STER DA AVABHASA (DEM "HELLEN")
OFFENBART WIRD
von James Steinberg

Kurzfassung des vorgenannten Buches
vom gleichen Verfasser.
(Im Erscheinen begriffen)

THE PERFECT ALTERNATIVE

EIN ZEUGNIS VON DER TRANS-
FORMATIVEN GNADEN-KRAFT SRI DA
AVABHASAS (DES "HELLEN")
von Kanya Samatva Suprithi

Eine kurze Einführung in das Leben und Wirken Sri Da Avabhasas. Die
Autorin ist eine Seiner fortgeschrittensten
Schülerinnen, die durch Seine Gnade
zur Praxis der sechsten Lebensstufe Erweckt wurde. Sie faßt in leicht verständlicher Form Da Avabhasas grundlegende Lehre über die Suche und das Glück
zusammen und bietet darüber hinaus
einen Einblick in ihre eigene Praxis des
Weges des Herzens.

$ 4,95 kartoniert

AVADHOOTS, MAD LAMAS, AND FOOLS

von James Steinberg

Ein kurzer, lebendiger Bericht über
den Stil "Verrückter Weisheit", wie er
von Meistern vieler Traditionen in ihrer
Lehrtätigkeit verwandt wurde. Das Buch
enthält Geschichten von Da Avabhasas
Lehren und Wirken in dieser "Verrückten" Manier.

(Im Erscheinen begriffen)

DIE WEISHEITS-LITERATUR

THE KNEE OF LISTENING

DIE JUGEND UND DIE ANFÄNGLI-CHE 'RADIKALE' SPIRITUELLE LEH-RE DES GÖTTLICHEN WELT-LEH-RERS UND WAHREN HERZ-MEISTERS DA AVABHASA (DES "HELLEN")

    In dieser Autobiographie schildert Herz-Meister Da die menschliche, Spirituelle, Transzendente und Göttliche Feuerprobe Seiner Kindheit und Jugend in Amerika, Seine Praxis und Entwicklung als Schüler mehrerer großer moderner Yogis und Sein Wieder-Erwachen zur Göttlichen Erleuchtung.

        Neue Standardausgabe; ungekürzte Fassung (erscheint 1992)

DAS KNIE DES LAUSCHENS

    Deutsche Version der ersten Ausgabe des vorgenannten Buches.

        DM 24,95 kartoniert

METHOD OF THE SIDDHAS

GESPRÄCHE ÜBER DIE SPIRITUELLE TECHNIK DER ERLÖSER DER MENSCHHEIT

    Gespräche mit Schülern von 1972/73, dem ersten Jahr von Da Avabhasas formeller Lehrtätigkeit. Sie enthüllen das Geheimnis des Satsang, der profunden transformierenden Beziehung zwischen dem Sat-Guru und Seinem Schüler.

        Neue Standardausgabe (erscheint 1992)

SCIENTIFIC PROOF OF THE EXISTENCE OF GOD WILL SOON BE ANNOUNCED BY THE WHITE HOUSE!

PROPHETISCHE WEISHEIT ÜBER DIE MYTHEN UND IDOLE DER MASSEN-KULTUR UND DER VOLKSRELIGION, ÜBER DIE NEUE PRIESTERSCHAFT DES WISSENSCHAFTLICHEN UND POLITSCHEN MATERIALISMUS UND ÜBER DIE GEHEIMNISSE DER

ERLEUCHTUNG, DIE IM MENSCHLI-CHEN KÖRPER VERBORGEN LIEGEN

Hier spricht Herz-Meister Da als moderner Prophet. Seine eindringliche Kritik an der heutigen Gesellschaft ist verbunden mit der Aufforderung, eine formelle sakrale und kooperative Gemeinschaft zu schaffen, die auf der Vereinigung mit der Lebendigen Göttlichen Wirklichkeit und auf der Spirituellen und Transzendenten Vision der Göttlichen Bestimmung des Menschen beruht.

Neue Standardausgabe
(erscheint 1992)

THE TRANSMISSION OF DOUBT
GESPRÄCHE UND AUFSÄTZE ÜBER DIE TRANSZENDIERUNG DES WISSENSCHAFTLICHEN MATERIALISMUS DURCH DAS 'RADIKALE' VERSTEHEN

Herz-Meister Das bedeutendste kritische Auseinandersetzung mit dem wissenschaftlichen Materialismus, der zur dominierenden Philosophie und Weltanschauung der modernen Menschheit geworden ist und unseren angeborenen Impuls zur Befreiung unterdrückt. Das Werk bietet zugleich Seine Offenbarung des uralten Weges, der die echte sakrale Wissenschaft vom Leben oder vom Göttlichen Dasein An Sich ist.

Neue Standardausgabe
(erscheint 1992)

THE ENLIGHTENMENT OF THE WHOLE BODY
EINE RATIONALE UND NEUE PROPHETISCHE OFFENBARUNG, DIE DIE WAHRHEIT DER RELIGION, DER ESOTERISCHEN SPIRITUALITÄT UND DER GÖTTLICHEN BESTIMMUNG DES MENSCHEN AUFZEIGT

Dieses Buch stellt den ganzen facettenreichen Weg dar, den Herz-Meister Da allen Anbietet. Es enthält Ekstatische Bekenntnisse Seines eigenen Erleuchteten Zustandes, erhabene Unterweisung in der Praxis des Weges des Herzens sowie einen einzigartigen, illustrierten Abschnitt über die esoterische Anatomie, die den fortgeschrittenen und höchsten Stufen des Lebens und der Praxis zugrunde liegt. Als die Erstausgabe dieses Werkes 1978 erschien, war es die erste große Summe des Weges des Herzens.

Neue Standardausgabe
(erscheint 1992)

NIRVANASARA

Eine kritische Würdigung der sakralen Weisheits-Kultur der Menschheit, insbesondere der beiden erhabensten Traditionen sakralen Lebens, des Buddhismus und des hinduistischen Advaita-Vedanta, die sich in Seinem eigenen Weg des Herzens fortsetzen und erfüllen.

Neue Standardausgabe
(erscheint 1992)

THE DREADED GOM-BOO, OR THE IMAGINARY DISEASE THAT RELIGION SEEKS TO CURE

In diesem bemerkenswerten Buch vermittelt Da Avabhasa eine erschreckende und zugleich humorvolle Erkenntnis: Alle Religionen suchen uns von einer grundlegend irrealen oder imaginären Krankheit zu befreien, die Er "die gefürchtete Gom-Boo" nennt. Diese Krankheit besteht darin, daß wir ständig annehmen, wir seien aus dem Zustand der Gnade gefallen und bedürften daher der Erlösung oder `Heilung' durch den religiösen Glauben.

Die frohe Botschaft von Da Avabhasas Weg des Herzens ist jedoch, daß wir nach keiner Kur oder Heilung zu suchen, sondern nur (durch die Feuer-

probe Spiritueller Praxis) ebenjene Aktivität der Suche als solche zu fühlen, zu beobachten, zu verstehen und aufzugeben brauchen, um den Zustand des Glücks und der Freude wieder zuzulassen, der uns von Natur aus innewohnt.
Neue Standardausgabe (erscheint 1992)

THE TEN FUNDAMENTAL QUESTIONS

Provozierende Gespräche, Aufsätze und Geschichten von Da Avabhasa, die sich an die zehn Großen Fragen anschließen, die Er in *The Dawn Horse Testament* stellt. Die eindringliche "Untersuchung" dieser Fragen und Erörterungen zieht uns in die unmittelbare, fühlend-intuitive Wahr-nehmung sowohl unserer naturgegebenen Göttlichen Freiheit als auch dessen, 'was wir ständig tun', um uns in die Fesseln des Egos zu schlagen.
Neue Standardausgabe (erscheint 1992)

CRAZY DA MUST SING, INCLINED TO HIS WEAKER SIDE
LYRISCHE BEKENNTNISSE DER FREIHEIT UND LIEBE

Die Gedichte dieses Bandes wurden in den ersten Jahren nach Herz-Meister Das Erleuchtung im Jahre 1970 geschrieben und drücken spontan Seine ständige Bewußte und inbrünstige Identifikation mit allen lebenden Wesen aus. Sie künden beredt von Seiner verletzlichen menschlichen Liebe und Seinem Geheimnisvollen "Verrückten" Bedürfnis, andere von den Fesseln des Egos zu Befreien.

$ 9,95 kartoniert

THE SONG OF THE SELF SUPREME
ASHTAVAKRA GITA
DER KLASSISCHE GESANG DES ASHTAVAKRA

Eine autoritative Übersetzung der *Ashtavakra Gita*, die Da Avabhasa als 'eine der erlesensten (und bedeutendsten) Kommunikationen aller religiösen und Spirituellen Traditionen der Menschheit' bezeichnet hat. Sein erhellendes Vorwort ist ein einzigartiger Kommentar zu diesem großartigen Klassiker des Advaita-Vedanta. Er untersucht diese Gita im Rahmen der gesamten Großen Tradition Spiritueller und Transzendenter Weisheit und identifiziert und erörtert zugleich die Kennzeichen jener wenigen Texte und Traditionen, die vollständig die Wahr-nehmung und 'Sichtweise' der siebten oder vollkommen Erleuchteten Lebensstufe vermitteln.
Neue Standardausgabe
(erscheint 1992)

PRAKTISCHE TEXTE

THE EATING GORILLA COMES IN PEACE
ÜBER DIE ANWENDUNG DES TRANSZENDENTEN LEBENS-PRINZIPS AUF DIE ERNÄHRUNG UND AUF DIE DISZIPLIN ECHTER REGENERATIVER GESUNDHEITSPRAXIS

Ein Handbuch praktischer und Spiritueller Weisheit über Ernährung, Gesundheit und Heilung, Geburt und Tod. Beträchtliche Revision der ersten Ausgabe.

Neue Standardausgabe
(erscheint 1992)

CONSCIOUS EXERCISE AND THE TRANSCENDENTAL SUN

DIE ANWENDUNG DES PRINZIPS DER LIEBE AUF DIE KÖRPERÜBUNG UND AUF DIE GEWÖHNLICHE KÖRPERLI-CHE TÄTIGKEIT (EINE WISSEN-SCHAFT DER WEISHEIT DES GANZEN KÖRPERS ODER DES WAHREN EMPFINDENS, BESONDERS FÜR JENE, DIE EIN RELIGIÖSES ODER SPIRITUELLES LEBEN FÜHREN)

Bewußte Körperübung ist eine "Technik der Liebe", die die gewöhnliche Körperübung, das Spiel und den ganzen Bereich gewöhnlicher Tätigkeit im Rahmen der fühlenden-Kontemplation von Sri Da Avabhasa zur bewußten und unmittelbar gefühlten Verwendung der unendlichen Energie des Kosmos macht. Gründlich überarbeitete und erweiterte Neuausgabe.

Neue Standardausgabe
(erscheint 1992)

LOVE OF THE TWO-ARMED FORM

DIE FREIE UND REGENERATIVE FUNK-TION DER SEXUALITÄT IM GEWÖHN-LICHEN LEBEN SOWIE DIE TRANSZEN-DIERUNG DER SEXUALITÄT IN DER ECHTEN RELIGIÖSEN UND SPIRI-TUELLEN PRAXIS

Da Avabhasas Lehre über die naturgemäße Form 'echter Intimität' und über die Realisierung wahrhaft ekstatischer, Spiritualisierter Sexualität. Das Buch ist eine tiefgreifende Kritik sowohl der weltlichen Ausbeutung der Sexualität als auch ihrer asketisch-religiösen, lebensfeindlichen Unterdrückung und bietet zugleich als Alternative zu diesen Irrtümern des Ostens und Westens die spezifischen Praxisformen der 'bewußten sexuellen Körperübung' und der 'Spirituellen Liebes-Vereinigung' (für Praktizierende des Weges des Herzens).

Neue Standardausgabe
(erscheint 1992)

EASY DEATH

GESPRÄCHE UND AUFSÄTZE ÜBER DIE NATURHAFTE UND ENDGÜLTIGE TRANSZENDIERUNG DES TODES UND ALLER ANDEREN MANIFESTEN ERSCHEINUNGEN

In dieser gründlichen Neubearbeitung der populären ersten Ausgabe **O**ffenbart **D**a **A**vabhasa die esoterischen Geheimnisse des Sterbeprozesses und bietet unfangreiche praktische **U**nterweisung für die Vorbereitung auf einen **G**ott-**B**ewußten und ekstatischen Austritt aus dem körperlichen Dasein. Elisabeth Kübler-Ross sagt über dieses Buch: 'Ein spannendes und stimulierendes Buch, das zum Nachdenken anregt und ein bemerkenswerter Beitrag zu der Literatur über die Phänomene von Leben und Tod ist. Danke für dieses Meisterwerk.'

Neue Standardausgabe
(erscheint 1992)

L I L A S

Das Sanskritwort 'lila' ist der traditionelle Fachausdruck für das **G**öttliche **S**piel des **S**at-**G**urus mit **S**einen Schülern, durch das **E**r sie **U**nterweist und **B**efreit. **D**a **A**vabhasa hat gesagt, daß **L**ilas über **S**ein **W**irken ein Teil **S**eines eigenen **L**ehr-**W**ortes und daher voll von der **E**rweckungs-**K**raft **S**einer **H**erz-**Ü**bertragung sind.

THE DIVINE EMERGENCE OF THE WORLD-TEACHER

DIE WAHR-NEHMUNG, OFFENBARUNG UND OFFENBARENDE FEUERPROBE DA AVABHASAS (DES 'HELLEN')

Eine biographische Würdigung von Saniel Bonder

Nie zuvor sind das **L**eben und **W**irken einer **I**nkarnation des **G**öttlichen

so sorgfältig dokumentiert worden. Die lebhafte Erzählung konzentriert sich auf die lebenslange **F**euerprobe von **D**a **A**vabhasas **G**öttlicher **T**ransmutation, die schließlich am 11. Januar 1986 in dem **G**roßen **E**reignis kulminierte, das **S**ein **S**egnungs-**W**erk und **S**ein **G**öttliches **H**ervortreten als **W**elt-**L**ehrer inaugurierte. Das Buch ist mit über 100 Fotos illustriert.

$ 14,95 (Neuausgabe erscheint 1992)
Die deutsche Ausgabe ist als Vorabdruck erhältlich, DM 42,-.

THE CALLING OF THE KANYAS

BEKENNTNISSE DER SPIRITUELLEN ERWECKUNG UND DER 'VOLLKOMMENEN PRAXIS', DIE DURCH DIE BEFREIENDE GNADE DES GÖTTLICHEN WELT-LEHRERS UND WAHREN HERZMEISTERS DA AVABHASA (DES 'HELLEN') ZUSTANDE KAMEN

von Meg McDonnell und dem Kanyadana Kumari Mandala Order (Kanya Tripura Rahasya, Kanya Samarpana Remembrance, Kanya Kaivalya Navaneeta und Kanya Samatva Suprithi)

Ein Bericht über die Feuerprobe sakraler Praxis und Transformation, der sich die vier Schülerinnen unterzogen, die **S**at-**G**uru **D**a **A**vabhasa persönlich dienen und die zusammen den Orden der Entsagenden ausmachen. Die Bekenntnisse und das Beispiel der **K**anyas sind ein inspirierender Aufruf an alle, jenes überaus **G**nadenvolle **E**reignis zu begreifen und zu nutzen, das ihre eigene **S**pirituelle Transformation ermöglichte: **S**at-**G**uru **D**as **G**roßes **G**öttliches **H**ervortreten, das im Jahre 1986 begann und sich ständig weiter entfaltet und auswirkt.

(Erscheint 1992)
$ 17,95 kartoniert

WHAT AND WHERE AND WHO TO REMEMBER TO BE HAPPY

EINE EINFACHE ERKLÄRUNG DES WEGES DES HERZENS (FÜR KINDER UND JEDERMANN SONST)

Neuausgabe von Da Avabhasas Unterweisung über die religiöse Praxis für Kinder. In einem Stil, der von Kindern jeden Alters leicht zu verstehen und nachzuvollziehen ist, erzählt Da Avabhasa hier Kindern (und Erwachsenen), wie sie 'das Geheimnis fühlen und atmen und Schauen und Sein' können.

Neue, vollständig illustrierte Standardausgabe (erscheint 1992)

THE TWO SECRETS (yours, AND MINE)

WIE DER WELT-LEHRER DA AVABHASA KINDERN (UND AUCH ERWACHSENEN) GROSSE WEISHEIT UND HILFE GAB, DAMIT SIE ERKANNTEN, <u>WIE</u> SIE SICH STETS AN DAS ERINNERN KÖNNEN, <u>WORAN</u> SIE SICH ERINNERN MÜSSEN, UM GLÜCKLICH ZU <u>SEIN</u>

von Kanya Remembrance, Brahmacharini Shawnee und ihren Freundinnen

Ein fesselnder Bericht über die Konfrontation eines jungen Mädchens mit den realen Anforderungen sakraler Praxis und über die liebevolle Unterweisung und Hilfe, die Da Avabhasa ihr in jener Krise der Praxis Gab, durch die jeder echte Schüler irgendwann zu gehen hat.

$ 12,95 kartoniert

VEGETABLE SURRENDER

ODER DAS GLÜCK IST NICHT BLAU

von Da Avabhasa und zwei kleinen Mädchen

Die humorvolle Geschichte von der Zwiebel Onion One-Yin und ihren Gemüse-Freunden, die sich auf die Suche machen, um jemand zu finden, der sie über Glück und Liebe belehren kann, und die am Ende eine große Lektion über die Suche bekommen. Illustriert.

$ 12,95 Leinen, Großformat

THE TRANSCENDENCE OF CHILDHOOD AND ADOLESCENCE

Diese Sammlung bisher unveröffentlichter Unterweisungen von Da Avabhasa ist eine umfassende Darstellung der bewußten Erziehung Jugendlicher im Sinne einer modernen Erleuchteten Version des uralten 'Brahmacharya'-Prinzips, wonach Jugendliche (hauptsächlich Elf- bis Fünfzehnjährige) sich unter ihrem Guru als Brahmacharya-Meister in freiem Entschluß der Wahr-nehmung Gottes widmen.

(Erscheint 1992)

LOOK AT THE SUNLIGHT ON THE WATER
WIE MAN KINDER ZU EINEM SELBSTTRANSZENDIERENDEN LEBEN DER LIEBE UND DES GLÜCKS ER-ZIEHT: EINE EINFÜHRUNG

Dieser klare und einfache Text ist vielleicht die beste zur Zeit erhältliche Zusammenfassung von Da Avabhasas Weisheits-Lehre über die drei ersten Lebensstufen, welche die Periode des Lebens von der Geburt bis zum jungen Erwachsenen ausmachen. Das Buch ist ein überaus praktischer Leitfaden für die 'ganzkörperliche' sakrale Erziehung von Kindern und Jugendlichen.

Neue Standardausgabe (erscheint 1992)

$ 12,95 kartoniert

ZEITSCHRIFTEN

THE FREE DAIST
ZWEIMONATSSCHRIFT ÜBER DAS HERZ-WORT UND SEGNUNGS-WERK DES GÖTTLICHEN WELT-LEHRERS UND WAHREN HERZ-MEISTERS DA-AVABHASA

Eine Chronik von Herz-Meister Da Avabhasas Leben und Wirken seit Seinem Göttlichen Hervortreten, von der Praxis im Weg des Herzens sowie von der Arbeit der Schüler in der Öffentlichkeit und in der eigenen Kultur der Praxis und Kooperation.

Jahres-Abonnement (6 Ausgaben) DM 84,- ; Einzelhefte DM 15,-

THE "BRIGHT"
EHRUNG DES GÖTTLICHEN WELT-LEHRERS DA AVABHASA (DES 'HEL-LEN')

Eine kurze Zweimonatsschrift, die den allgemeinen Leser in Da Avabhasas Leben, Lehre und Wirken einführt und dem Trend des zeitgenössischen wissenschaftlichen Materialismus, religiösen Provinzialismus und Antiguruismus entgegenwirkt.

Jahres-Abonnement (6 Ausgaben) DM 18,-; Einzelhefte DM 3,50.

Ein Jahres-Abonnement beider Zeitschriften zusammen kostet DM 90,-

Deutsche Ausgabe *The "Bright"* viermal jährlich, Jahres-Abonnement DM 18,-

THE GARDEN OF LIONS
*DIE WELTWEITE STIMME DER JUN-
GEN FREIEN DAISTEN*

Diese einzigartige Zeitschrift ist
das Organ der Kinder und Jugendlichen,
die den Weg des Herzens unter der
Erleuchteten Führung des lebenden Sat-
Gurus Da Avabhasa praktizieren. Sie
veröffentlicht Seine Unterweisungen und
Abhandlungen über die verschiedenen
Aspekte der Spirituellen Praxis für junge
Schüler, persönliche Berichte und
inspirierende Geschichte aus ihrem Le-
ben, sowie eine große Vielfalt an Texten
und künstlerischen Arbeiten, die von
Schülern aus vielen Ländern stammen.
Beispiele bisheriger Themen: Einfüh-
rung in die Brahmacharya-Praxis (wört-
lich: das Studium Gottes), die Spirituelle
Praxis der Ekstase und der liebenden
Hingabe an Gott und die Erleuchtete
Praxis der Sexualität für junge Men-
schen.

The Garden of Lions ist eine außer-
ordentliche Würdigung der Weisheits-
Lehre und des Weges, den Da Avabhasa
Gegeben hat.

Das Abonnement der drei Ausgaben eines Jahres kostet DM 30.-

VIDEO

THE WAY OF THE HEART
*Eine Einführung in die 'Radikale'
Lehre und Segnungs-Arbeit des im Westen
geborenen Göttlichen Welt-Lehrers und
Wahren Herz-Meisters Da Avabhasa*

Der erste Teil porträtiert die Geschichte von Da Avabhasas Göttlicher
Geburt, Seiner jahrelangen Transformation und Vorbereitung, Seiner
Lehrtätigkeit und Seinem 1986 begon-
nenen Segnungs-Werk.

Der zweite Teil schildert die Geschenke und Praxisformen, die allen
Gegeben werden, die formell in der
traditionellen Weise der Sat-Guru-Ver-
ehrung in eine sakrale Beziehung zu
Herz-Meister Da eintreten.

Der dritte Teil stellt die sakrale
Kultur des Weges des Herzens dar.

$ 29,95, etwa zwei Stunden (VHS:
NTSC oder PAL)

Kürzere Fassung: $ 19,95, 76 Minuten
(VHS: NTSC oder PAL)

Deutsche Fassung der vollen Version:
Der Weg des Herzens, (VHS, PAL),
DM 49,95

BESTELLUNG VON BÜCHERN, ZEITSCHRIFTEN UND VIDEOKASSETTEN

Die Bücher, Zeitschriften und
Videokassetten Da Avabhasas sind per
Postversand erhältlich von:

THE FREE DAIST COMMUNION
Nürnberger Straße 19 IV
1000 Berlin 30
Tel. 030/218 33 33
Fax: 030/218 11 77

WEITERE ANMERKUNGEN FüR DEN LESER

Aufforderung zur Verantwortung

Der Weg des Herzens, den Da Avabhasa Offenbart, ist eine Aufforderung an jeden, selber voll und ganz die Verantwortung für das eigene Leben zu übernehmen. In *The Dawn Horse Testament* sagt Er: "Wenn jemand An Der Wahr-nehmung Des Herzens Interessiert Ist, dann Ist Seine Erste Aufgabe, Daß er sich Mir (Vom Herzen Her) Unterwirft und sich (Dadurch) Der Feuerprobe Der selbst-Beobachtung, selbst-Erkenntnis und selbst-Transzendierung Unterzieht." Die Teilnahme am Weg des Herzens erfordert daher einen wahren Kampf mit dem eigenen Ich, und nicht mit Da Avabhasa oder anderen.

Wer den Weg des Herzens studieren oder seine Praxis aufnehmen will, sollte sich darüber im klaren sein, daß er damit auf die Aufforderung antwortet, die volle Verantwortung für sich zu übernehmen. Es sollte ihm klar sein, daß nicht Da Avabhasa oder sonst jemand, sondern er selbst für jede Entscheidung und Handlung verantwortlich ist, die er während seines Studiums oder seiner Praxis trifft und ausführt. Das war immer so, und es ist so auf jeder Stufe der Teilnahme am Weg des Herzens vom formellen "Freund" der Free Daist Communion bis zum formell anerkannten Praktizierenden.

Das permanente unveräußerliche Copyright zum Schutz des Lehr-Wortes

Praktizierende wahrer Religion und Spiritualität haben seit ältesten Zeiten mehr als alles andere die Zeit wertgeschätzt, die sie in der physischen Gesellschaft des Sat-Gurus verbringen durften, des Menschen also, der Gott, die Wahrheit oder die Wirklichkeit Wahr-genommen hat und ebendieser Wahr-nehmung in anderen Dient. Sie verstanden, daß der Sat-Guru Seinen Erleuchteten Zustand auf alle und alles Überträgt, womit Er in Berührung kommt. Diese Übertragung kann Dinge, Umgebungen und gebührend vorbereitete Personen, mit denen der Sat-Guru Kontakt hat, mit Seiner Transformativen Kraft Aufladen.

Dieser Prozeß der **K**raft-**A**ufladung **H**eiligt Dinge und lebende Wesen und befähigt sie, fortan selbst als **Q**uelle der **S**egens-**K**raft des **S**at-**G**urus für andere zu wirken, die rechten Gebrauch davon zu machen wissen.

Der **S**at-**G**uru und alles, was **E**r mit **S**einer **K**raft **A**uflädt, sind daher wahrhaft **H**eilige **S**chätze, denn sie ziehen Praktizierende nachdrücklicher und schneller zur **W**ahr-nehmung der **V**ollkommenen **I**dentität mit dem **G**öttlichen **S**elbst. In Kulturen, die wahre **W**eisheit besaßen, hat man immer begriffen, daß solche **H**eiligen **S**chätze wertvolle (und zerbrechliche) Geschenke sind und folglich geehrt und beschützt und dem rechten sakralen Gebrauch vorbehalten werden müssen. Die ursprüngliche Bedeutung des Wortes "sakral" ist tatsächlich "ausgesondert", und das heißt beschützt vor der gewöhnlichen Welt. **D**a **A**vabhasa ist ein **S**at-**G**uru des **H**öchsten **G**rades. **E**r hat **S**einen **K**örper-**G**eist völlig mit dem **G**öttlichen **S**elbst in Übereinstimmung gebracht und ist somit eine überaus mächtige **Q**uelle **G**öttlicher **S**egens-**Ü**bertragung. Im Laufe der Jahre hat **E**r bestimmte Orte und Gegenstände mit **S**einer **K**raft **G**efüllt und sie somit **G**eheiligt, so daß sie als **I**nstrumente und Ausdruck und Erweiterung **S**einer **S**egens-**Ü**bertragung wirken. Einer dieser **H**eiligen **S**chätze ist **S**ein **L**ehr-**W**ort. Diese **G**esegnete und **S**egnende **W**eisheits-**L**ehre hat **M**antrische **K**raft: Sie ist ein **W**ort, das unmittelbar und wirksam der **G**ottes-**W**ahr-nehmung derer **D**ient, die es willig aufnehmen.

Da **A**vabhasas **L**ehr-**W**ort muß daher stets geehrt und "ausgesondert" und vor jeder Beeinträchtigung und Verfälschung beschützt werden. The Free Daist Communion, die Vereinigung der Schüler **D**a **A**vabhasas, hält sich folglich zu der ständigen Erhaltung und Ehrung der **W**eisheits-**L**ehre des **W**eges des **H**erzens verpflichtet. Doch um dieser Aufgabe völlig genügen zu können, sind wir auf die Unterstützung der Gesellschaft, in der wir leben, und den Schutz der Gesetze, denen wir unterstehen, angewiesen. Wir fordern daher eine Gesellschaft und Gesetze, die das Sakrale anerkennen und vor weltlichem Eingriff und falschem Gebrauch jeder Art fortdauernd beschützen. Wir fordern unter anderem ein Rechtssystem, das die **W**eisheits-**L**ehre des **W**eges des **H**erzens in all ihren Formen durch permanentes unveräußerliches Copyright schützt.

Wir bitten alle, die das Sakrale respektieren, sich dieser Forderung anzuschließen und auf ihre Verwirklichung hinzuarbeiten. In der Zwischenzeit erheben wir bereits legalen Anspruch auf dieses unveräußerliche Copyright für die **W**eisheits-**L**ehre **D**a **A**vabhasas und alle sonstigen Formen, in denen der **W**eg des **H**erzens niedergelegt ist.

Da Avabhasa und die Heiligen Schätze des Freien Daismus

Menschen, die **G**ott **W**ahr-nehmen, bringen großen **S**egen in die Welt. Als **E**rleuchtete **V**ollbringen sie ein universales **S**egnungs-**W**erk, das allen Dingen und lebenden Wesen nützt. Solche **W**ahr-nehmer **A**rbeiten auch speziell und bewußt mit den Orten, an denen sie wohnen, und mit einzelnen Menschen, die als Schüler zu ihnen kommen, so daß diese Orte und Menschen ständig mit **S**piritueller **K**raft **G**efüllt sind. Traditionelle **S**pirituelle Kulturen verstanden dies und fanden daher Mittel und Wege, die **W**ahr-nehmer zu ehren und passende Umstände zu schaffen, in denen sie ungehindert ihrem **G**öttlichen **S**egnungs-**W**erk nachgehen konnten.

Diejenigen, die **S**ri **D**a **A**vabhasas **W**ahr-nehmung und **D**ienste zu würdigen wissen, haben sich immer bemüht, **I**hn in dieser traditionellen Weise zu ehren und **I**hn in die Lage zu versetzen, **S**ein **W**erk durchzuführen. Seit 1983 hat **D**a **A**vabhasa in erster Linie auf der fidschianischen Insel Naitauba gewohnt, die **S**ein **H**auptashram ist. Diese Insel mit dem **S**pirituellen **N**amen **S**ri **L**ove-**A**nandashram ist der Ort, den die Free Daist Communion für **I**hn als Ort bereitgestellt hat, an dem **E**r **S**ein universales **W**erk für die Welt und für die Schüler, die in **S**eine physische **G**esellschaft kommen, verrichten kann.

Sri Love-Anandashram, Fidschi

Das Heiligtum Tumomama, Hawaii

Das Heiligtum The Mountain of Attention, Nordkalifornien

Sri **D**a **A**vabhasa ist ein Entsagender. Er besitzt nichts und ist zu keiner weltlichen oder religiösen institutionellen Aufgabe verpflichtet. **S**ein ganzes **W**irken vollzieht sich in **F**reiheit und **U**nabhängigkeit. The Sri Love-Anandashram (Naitauba) Trust sorgt für **S**ri **L**ove-**A**nandashram im allgemeinen und für die Lebensumstände **D**a **A**vabhasas und der anderen Mitglieder des Naitauba (Free Daist) Order der Entsagenden im besonderen und stellt zudem die Unversehrtheit von **D**a **A**vabhasas **W**eisheits-**L**ehre sicher. Dieser Trust ist in seiner Wirkung auf Fidschi beschränkt.

Außerhalb von Fidschi ist die Free Daist Communion die Institution, die durch **D**a **A**vabhasas **L**ehre und **S**egnungs-**A**rbeit zustande gekommen ist. Sie arbeitet daran, die **L**ehre in vielen Ländern bekannt

113

zu machen und allen Anleitung zu geben, die sich für die Praxis des Weges des Herzens interessieren. Sie betreut ferner die anderen Schätze des Freien Daismus, darunter die beiden anderen großen Heiligtümer: Tumomama in Hawaii und The Mountain Of Attention in Nordkalifornien. Außer dieser zentralen Einrichtung gibt es etliche regionale Organisationen für die Schüler dieser Regionen.

Die Freien Daisten haben auch an vielen Orten kooperative Gemeinschaften errichtet, deren individuelle und soziale Bedürfnisse wie zum Beispiel Wohnungen, Nahrungsmittel, Schulerziehung, Gesundheitspflege, Geburts- und Sterbebegleitung durch eigene Geschäftsunternehmen und Kliniken gedeckt werden. Diese kosten- und zeitsparende Kooperation ermöglicht den Praktizierenden, die nötige Energie und Aufmerksamkeit für die Praxis freizusetzen und Da Avabhasas Werk und den Großen Schätzen zu dienen.

Alle diese Organisationen sind legal unabhängig voneinander, und jede hat ihre eigenen Zwecke und Aufgaben. Da Avabhasa ist weder der Leiter irgendeiner dieser Einrichtungen noch obliegt Ihm irgendwelche Verpflichtung ihnen gegenüber. Sie sind der kollektive Ausdruck des gemeinsamen Interesses der Praktizierenden, Da Avabhasas Angebot allen Menschen zugänglich zu machen.